变形的人

卡夫卡 精选集

Franz Kafka (1883—1924)

KAFKA
100

卡夫卡谈话录

Gespräche mit Kafka

[奥地利]
Franz Kafka
弗朗茨·卡夫卡—口述

[捷克]
Gustav Janouch
古斯塔夫·雅诺施—记述

赵登荣—译

译林出版社

图书在版编目（CIP）数据

卡夫卡谈话录 /（奥）弗朗茨·卡夫卡口述；（捷）古斯塔夫·雅诺施记述；赵登荣译. —南京：译林出版社，2024.5

（变形的人：卡夫卡精选集）

ISBN 978-7-5753-0069-8

Ⅰ. ①卡… Ⅱ. ①弗… ②古… ③赵… Ⅲ. ①卡夫卡（Kafka, Franz 1883–1924）– 访问记 Ⅳ. ①K835.215.6

中国国家版本馆 CIP 数据核字（2024）第 047112 号

卡夫卡谈话录 ［奥地利］弗朗茨·卡夫卡 / 口述 ［捷克］古斯塔夫·雅诺施 / 记述
赵登荣 / 译

责任编辑 韩继坤
装帧设计 廖 韡
校 对 王 敏
责任印制 颜 亮

出版发行 译林出版社
地 址 南京市湖南路 1 号 A 楼
邮 箱 yilin@yilin.com
网 址 www.yilin.com
市场热线 025-86633278
排 版 南京展望文化发展有限公司
印 刷 南京新世纪联盟印务有限公司
开 本 787 毫米 ×1092 毫米 1/32
印 张 8.5
插 页 4
版 次 2024 年 5 月第 1 版
印 次 2024 年 5 月第 1 次印刷
书 号 ISBN 978-7-5753-0069-8
定 价 55.00 元

卡夫卡画作

Franz Kafka

Ansichten aus meinem Leben
Und wie geht es Dir? Weihnachten bring Hefte
und Bücher, ich werde Dich prüfen. Soll ich übrigens

译本序

叶廷芳

在世界文学史上，一个作家日常的言论由别人记录成书而成为名著者究竟有多少？恐怕很难说得准。但在提及这类书籍的时候，其中有一本大概谁都不会忽略，那就是由爱克曼辑录的《歌德谈话录》。歌德是德国文学史上的“诗中圣哲”，他的言论被人们视为至理名言是不难理解的。但无独有偶，同属于德语文学的另一部谈话录，即由古斯塔夫·雅诺施记述的《卡夫卡谈话录》，数十年来正随着谈话者的名字蜚声国际文坛，而且在《歌德谈话录》新译本（选编）在我国出版仅仅十三年之后的 **1991** 年，其首译本也已在我国问世。如同《歌德谈话录》体现着作者在“阅尽人间春色”之后的晚年，亦即在他思想最成熟阶段的智慧的结晶一样，卡夫卡的这部《谈话录》也是在他的晚年，在他“纵览”了一遍世界，即思考了一辈子人生真谛后的产物，全面反映着他的世界观、人生观和艺术观，从中可以看到这位貌不惊人的“鬼才”的许多真知灼见或思想火花，人们现在经常引用的一些卡夫卡的著名观点，许多都出自这部书。可以说，如果没有卡夫卡的这部《谈话录》，则尽管有他那许多半自传性的长短篇小说和大量书信、日记，他的性格特征和思想风貌也不如现在这样全面而丰富。因此这部书的诞生和存在进一步加强着人们对德语作家的这一印象：作家兼哲人的品格。

或许有人会问：在谈论《卡夫卡谈话录》的时候，难道有必要与《歌德谈话录》相联系吗？难道前者的重要性堪与后者相提并论吗？这样的疑问如果出自一个对卡夫卡还不甚了解的读者的话，那是可以理解的，但如果你对卡夫卡是有所了解并对西方现代文学的要义有所领悟的话，那么你就会毫不犹豫地做出肯定性的回答。诚然，卡夫卡的年寿只有歌德的一半，而且作为业余作家，就知识之渊博、作品之丰富而言，他确实是不可与歌德同日而语的。但是，凡具备一定的文学史知识的人都知道，一个作家存在的特殊价值，主要的并不取决于其知识积累的程度和作品的多寡，而取决于他对时代的独特贡献。而这种贡献，就看他对他的时代的某种潜精神的洞见，并通过文学手段对之做了预言性的、启示性的表达。无疑，歌德作为德国古典文学鼎盛时期的代表，在这方面的成就几乎是无与伦比的；他的作品不仅属于他的时代，而且也开启了未来，以至于直到今天，我们还汲取不尽他那丰富文学遗产中的艺术养料。卡夫卡，这个不幸的犹太人，由于自己的血统而深深感受到是被排斥于人类世界之外的“无家可归的异乡人”，他仿佛站在世界之外，以“异乡人”的陌生眼光和惊讶神情观察人类社会，发现这个亲亲热热、熙来攘往的社会表面，掩盖着一种可怕的东西，一种不利于人类生存的异己的东西，人人参与其中而又人人受其控制。于是他满怀恐惧，发出惊叫，一种凄厉的、大难临头似的绝望的喊叫。起初多数人对于这种声音不以为然，充耳不闻。经过两次世界大战的空前灾难，人们变得清醒些了，越来越多的人对于卡夫卡对那些异常现象的揭示，那种警报性的“喊叫”，日益领悟了，共鸣了，以至把卡夫卡的作品视为“现代启示录”。于是，这位原来名不见经传的业余作家，一跃而为现代德语文学“最重要的作家”[1],并被奉为西方“现代主义文学之父”，从而获得了传奇性的色彩，成为20世纪国际文坛爆出的最大的冷门。有人甚至认为，“就作家与其所处的时代的关系而论，卡夫卡完全堪与但丁、莎士比亚和歌德等相提并论”[2]。如果说这些评价不过是些专家、学者的看法，那么，1985年西欧五个文学大国英、法、德、意、西的诸家重要报纸联合举办的“已故十大欧洲作家”评选的结果，则在相当程度上反映了上述看法的普遍性和群众性。根据那次评选揭晓的名单看，卡夫卡被排在“十大”的第五位，名列莎士比亚、歌德、但丁、塞万提斯之下，而在托马斯·曼、普鲁斯特、莫里哀、乔伊斯、狄更斯之上。当然，有时候时代是会错爱一个人的，那么，就由历史去下最后结论吧。但在历史下最后结论以前，我们把两者做这样的比较，该不会是无稽之谈吧。

1 这是德国著名文艺评论家汉斯·迈耶尔1979年在北京大学讲演时的论断。

2 奥登语，引自乔伊斯·欧茨：《卡夫卡的天堂》，见叶廷芳编《论卡夫卡》，中国社会科学出版社，1988年，第678页。

在我们把德国文学史上这两位大师相联系的时候，有一点不可忽视的是，卡夫卡作为以“反传统”出名的“现代派之父”，不仅不反歌德这位最重要的德国古典作家，相反，他是歌德最热烈的崇拜者。在他大量的书信、日记中，被提及最多的就是歌德，在一篇日记里他写道：“一星期之久都沉浸在歌德的氛围里。”卡夫卡之所以推崇歌德，主要是因为他认为歌德的作品有一种“持久性的艺术”。应当指出的是，卡夫卡崇拜歌德并不是表现在把歌德单纯当作偶像加以顶礼膜拜，而是把歌德的杰出之处例如艺术的“持久性”切切实实贯彻在自己的创作实践中了，无怪乎他那些生前并未激起普遍反响的作品，具有那么大的“后劲”，直到今天，还在继续征服着越来越多的读者，越来越广大的地域。这一事实说明，卡夫卡是歌德艺术遗产最好的继承者。但歌德的艺术之所以具有“持久性”，关键性的一点是强调自己的创造。这一艺术要旨，卡夫卡也牢牢把握住了。在1912年2月8日的日记里，他单独记下歌德的这句话作为座右铭：“我对创造的兴趣是无止境的。”显然，卡夫卡对前人遗产的继承与其说停留在被动的接受上，毋宁说表现在对它的精神的把握上。如果说，卡夫卡不跳出前人的雷池，根据自己时代的特点和要求，关心当代人的根本命运，并善于相应地捕捉时代的新的审美信息，那么，卡夫卡的作品是不可能打动今天的读者的心灵的。可见，对于任何作家来说，创造意识是至关重要的，只懂得依样画葫芦地继承前人、仿效别人的作家是不会有前途的。卡夫卡在这方面与歌德是一脉相通的。

当然，《卡夫卡谈话录》能不能像《歌德谈话录》那样保持不朽的恒定值，这主要看书中的价值容量。卡夫卡在这本《谈话录》中探讨了十分广泛的问题，政治、哲学、文学、美学、宗教、伦理等无所不包，而且每每有精辟的见解。例如人们经常引用以说明他的基本政治观点的那句话，“富人的奢侈是以穷人的贫困为代价的”[1]，就是出自这本书，而卡夫卡的这一思想与他在长篇小说中所描绘的资本主义社会的贫富悬殊现象以及卡夫卡的共产党员朋友、诗人鲁道夫·富克斯指出的“卡夫卡是个有强烈社会主义倾向的作家”的论断是一致的。又如，卡夫卡是写“异化”出名的，但他的小说和书信、日记中都没有直接提到过哲学意义上的“异化”这个概念，而他在《谈话录》中有些表达却是与这个概念相联系的，如“生活的传送带把我们带向何方，我们自己是不得而知的……”[2]，在另一处他谈到“人被群体运动所左右而使自己的意志失灵的情况”[3]，等等。再如，卡夫卡作为一个现代艺术的探险者和开拓者，他的作品是以表现方法的奇特著称的。这一现象根源于他独特的美学思想，而这方面他的一些有代表性的见解，大多见于这本书中。如他认为“一切真正的艺术品都是文献和见证”[4]。他认为，作家的任务在于设法“给别人装上另一种眼睛”[5]。这就是艺术应帮助人们透过生活的表象

1《卡夫卡谈话录》，法兰克福 / 迈因：菲舍尔袖珍出版社，1981 年，第 149 页。

2 同上，第 132 页。

3 同上，第 143 页。

4 同上，第 117 页。

5 同上，第 159 页。

去发现它的真实本质，而“照相把人们的目光引向表层”。这里的“照相”就是“写实”的同义词，他认为按照生活表面去写实，是不可能发现内在的真实的。因此在他看来，“电影是铁制的百叶窗”[1]。这就是说,实录的作品是妨碍人们认识真实的。于是他提出：“作家的任务是预言性的。”这就为他作品中那种象征性、譬喻性的写法提供了注脚。卡夫卡的最大传奇故事之一当推他晚年的焚稿奇念，通过这本《谈话录》我们可以窥察到他的这一念头的内心秘密。像很多西方现代主义作家一样，卡夫卡对中国文化，特别是对中国哲学、文学、艺术有着特殊的爱好，在书中赞赏“中国彩色木刻艺术的清、纯、真”，从中得出结论，认为“真正的现实是非现实的”[2];他着迷于中国古代成语、譬喻、幽默故事[3];他赞赏《道德经》《南华经》，尤其被老子思想所“陶醉”；他以拥有《论语》《中庸》《列子》等书籍为自豪，认为“这是一笔巨大的财富”[4];等等。书中还有一系列格言式的警句，这里就不一一尽述了。当然，由于卡夫卡思维的悖论习惯，他的有些见解不大好理解，这方面仁者见仁，智者见智吧。不过就总体而言，书中的许多见解都是颇具新鲜感的。

《卡夫卡谈话录》是根据追忆记述的，那么它的真实性与准确性如何呢？第二次世界大战以后，1947 年，本书记述者

1《卡夫卡谈话录》，法兰克福 / 迈因：菲舍尔袖珍出版社，1981 年，第 178 页。

2 同上，第 191 页。

3 同上，第 171 页。

4 同上。

雅诺施曾将手稿送给卡夫卡的挚友马克斯·布罗德过目，布罗德阅后十分高兴，充分肯定了内容的可靠性，并在尔后为卡夫卡写的传记里做了详尽的记叙，他写道：

“卡夫卡的外部特征，他的讲话方式，他的特别富有表达性的、习惯于借助手势的柔和方式，以及类似于音容笑貌那样的东西，得到了最鲜明的再现。我觉得，仿佛我的朋友突然又醒过来了，并正走进房间。我重新听到他讲话，见到他那炯炯有神的目光安详地看着我，感觉到他那静谧的、痛苦的微笑，我感到被他的智慧攫住并受到感动。”[1]

在另一处，布罗德继续写道：

“雅诺施所转述的卡夫卡的那些话给人以真实和可靠的印象，它们带有卡夫卡说话时惯有的那种风格的独一无二的特征，可能比他书写的风格还要简明、透彻。”[2] 布罗德还通过卡夫卡晚年的生活伴侣多拉·迪亚曼特听他朗读后的反应来验证他的判断。他说：“她立即就被吸引住了，并认出这是卡夫卡那确凿无误的风格和他的一切通过雅诺施所保留下来的思维方式。她感到这本书是她与卡夫卡真切的重逢并引起心灵震撼。”[3] 无疑，这本书将同卡夫卡的其他作品一样，不仅成为卡夫卡本人思想、人格和创作的“文献和见证”，而且也将成为这个时代的文献和见证。

作为卡夫卡的研究者，笔者深知这本书的价值，一直想

1 马克斯·布罗德：《论卡夫卡》，法兰克福/迈因：菲舍尔袖珍出版社，1977年，第188页。
2 同上，第190页。
3 同上，第188页。

让它早日在我国问世，并打算亲自将它翻译出来，只因诸事缠身迟迟未能开笔。为避免继续延搁，笔者特约昔日大学同窗赵登荣教授来完成此项任务。承蒙赵兄鼎力相助，在百忙中奋力于指定时间圆满完成。译者素来治学严谨，汉、德兼优，理解准确，译笔流畅，为我辈中的优秀者之一，相信会受到读者欢迎。希望此书中译本的出版，对一般文学爱好者特别是德语文学爱好者和研究者有所助益。

本书的历史

（自序）

我的这本回忆录初版于1951年，我原取名为《卡夫卡对我说》，出版社负责人改为《卡夫卡谈话录》。读者、报纸与广播台的书评家以及职业文学批评家立即对我的文字表现出极大的兴趣，这种兴趣在此后的岁月中非但没有减弱，反而更加浓厚了。我的这本平淡无奇的书变成了被严肃评价的文学性研究资料。因此，在《卡夫卡谈话录》德文本出版后不久，很快就出了法文、意大利文、瑞典文、英文、南斯拉夫文、西班牙文译本，甚至出了日文译本。

于是我收到从世界各个角落寄来的大量书信，并在力所能及的范围内始终一一作答。这样做并不困难，因为对那些难于回答的问题，我可以避而不答，但是，在与从世界各国到布拉格的卡夫卡崇拜者的越来越多的谈话中，这就不那么简单了。我常常只好保持缄默，因为他们每个人都比我更熟悉卡夫卡的作品，尤其是他的长篇小说。对他们来说，《审判》、《美国》和《城堡》不像对我那样只是书名；他们大多对这些书进行过真正的研究。我从来没有这样做过，然而，对这些来自法国、美国、德国、澳大利亚、瑞典、意大利、日本和奥地利的来访者，我不能这样说。即使说了，他们也肯定不会正确地理解我。这一点在一位年轻的、富有才气的布拉格文学研究者克维塔·希尔斯洛娃博士身上得到了证实：我试着向她讲真话时，她脸上显出诧异的神情。克维塔·希尔斯洛娃博士就弗朗茨·卡夫卡这一文学现象写过一篇内容广泛的博士论文。她那撮圆的嘴巴和瞪得滚圆的黑眼睛无言却十分清楚地告诉我："这可太荒唐了。"但对我来说，我对卡夫卡过世后出版的遗作其实只是通过道听途说而略知一二这一事实是完全自然的事，在我看来，这是任何人都非常容易理解的事。

我不能阅读弗朗茨·卡夫卡这位作家的长篇小说和日记。这并非因为他对我来说很生疏，而是因为他离我太近。青年时的困惑迷惘，随后几年的内外交困的处境，对幸福的种种设想的破灭，一切权利的突然被剥夺和由此而引起的日益加剧的内心的孤独和与外界的隔绝，充满忧伤、提心吊胆的日子，所有这些经历都使我紧紧地胶着在耐心地忍受命运的弗朗茨·卡夫卡博士身上。对我来说，他过去不是，现在也不是文学现象。他对我来说意味着更多的东西。弗朗茨·卡夫卡博士至今还像多年以前一样，一直是我整个人的保护外壳。他是以他的善良、宽容、坦诚促进和保护我在冷风凄雨中自我发展的人。他是认识和感情的基础，今天，在这个时代的阴森可怕的洪流中，我仍站在这坚实的基础上。

除了自己青年时代不可磨灭的经历的力量，对他的书进行解释的各种尝试能给我什么呢？只能是密封的感情与思想罐头。我所认识的活生生的弗朗茨·卡夫卡博士比他的书、比那些被他的朋友马克斯·布罗德拯救出来免于毁灭的书伟大得多。我曾经拜访过、在布拉格陪伴他散过步的弗朗茨·卡夫卡博士是如此伟大，如此坚固，以至我今天在人生道路上遇到任何坎坷挫折时，都能像抓住坚固的铁栏杆那样抓住他的影子。弗朗茨·卡夫卡的书对我意味着什么呢？

我住在布拉格民族街。我的小房间里笨重难看的暖气片上放着一架橄榄绿手风琴，上面有一个石棉衬底的木制书架，卡夫卡的书就放在这个书架上。我有时取下这本书，有时取下那本书，读上那么几句或者几页，但每次我的眼睛很快就感到有一种越来越强烈的压力，血液在颈动脉里有力地跳动，不得不把刚拿下的书迅速放回到书架上。读他的书是与往日留下的、珍藏在我心里的、依然非常清晰的印象和回忆相违背的，当时，我的心完全被弗朗茨·卡夫卡博士以及他对我说的话所占据、所迷醉，他的话给了我力量和勇气，使我敢于在批判性地评价和把握世界并进而评价和把握自我方面有意识地迈出突破性的第一步。

我不能阅读弗朗茨·卡夫卡的书，因为我担心，研读他去世后才出版的作品，会减弱、淡化，甚至也许会完全消除他的人格留在我心中的魅力。我害怕失去继续活在我心中的“我的”卡夫卡博士的形象，直到现在，每当我感到在害怕与绝望的旋涡里快要沉没时，他的形象作为不可动摇的思想典范和生活榜样就给我新的力量，使我镇静。

我担心，阅读他的遗作会使我不祥地疏远我的卡夫卡博士，从而失去我青年时代令我十分陶醉的经历所具有的经常催人振奋的推动力。因为正像我已经说过的那样，卡夫卡对我来说并不是抽象的、超人的文学现象。我的卡夫卡博士对我来说是一种深刻体验的，因而又完全是现实的私人宗教的偶像，这种私人宗教的影响却超出了纯粹个人的事务，它的精神使我得以对付某些荒唐的、笼罩着毁灭阴影的局面。

我所熟悉的《变形记》、《判决》、《乡村医生》、《在流刑营》和《致米莱娜》的作者对我来说是一位对一切有生命的东西的坚定的伦理责任感的宣告者。他是布拉格劳工工伤保险公司忙于公务的职员，但是，在他那看似平凡的公务生涯中却闪耀着最伟大的犹太先知们对神和真理的包容大地的渴念的无望余火。

对我来说，弗朗茨·卡夫卡是最后的，也许是最伟大的——因为离我们最近——人类信仰与思想的宣告者之一。

在我和他相处的年月里就已经风烛残年的弗朗茨·卡夫卡博士唤醒了我的感情和思想。他是精神上最伟大的人物，因而也是对我青年时代的发展影响最大的人，一个真正的、为真理和人生价值而苦斗苦争的人，我目睹了他为生存所进行的顽强斗争。他的脸部表情，他的轻声话语和大声咳嗽，他那又高又瘦的身躯和那双纤手的优美动作，他那双富于表情的大眼睛中的忧郁和光彩——他常用这双眼睛的光芒强调他的看法，他的人格的永恒而无与伦比并因此永不再现的东西，他的外在的与内在的气质，这一切都在我心里颤抖，像在我的岁月的各种通道和峡谷里回荡的回声，不断地以清晰的形象出现在我眼前，这种回声没有随着时间的流逝而消失，反而越来越强烈、越清晰。

我的卡夫卡博士不是我们时代文字记载中迟早要失去光辉的形象，而是始终活着的、起着典范作用的人，是一束光，它的温暖和不断增强的光亮从我的青年时代到现在一直陪伴着我，像指引我保持善良和真正的人性的可靠的指南针那样，忠实地陪伴着我来到迅速临近的死亡的门槛。

我的卡夫卡博士是我青年时代最重要的基本经历，是一种又甜又涩的、调动我的所有生存力量的振动，是生长的脊椎。我在与作家弗朗茨·卡夫卡相处的日子里，主要通过认真记日记的方式设法促进它的生长。我首先记下他的言论。至于产生这些言论的情况，则概略做了记载。我觉得这些情况不重要。我只看“我的”卡夫卡博士。他是思想焰火，其他的一切都在它的影子里消失。这当然也影响我的记载的语言和形式，这种影响在我的日记里不像在专门记录里那样大，我把那些专门记录写在我看作自己的常备“思想库”的灰色厚记录本里。

在这个本子里，我非常杂乱地储存了引语、诗歌、小块剪报、文学计划和奇思妙想、逸事、小故事、我一时想到的事情以及从三教九流那里听来的事情，首先是卡夫卡对各种不同的事情和事件的议论。您可以从这个“思想库”里取材，编出一本可观的惊人的格言集。但是，把相关的文字机械地收集在一起，并不能编就这样一本集子，因为我常常把这些不同警句的出处和如何产生的略而不记。今天看来，我的

“思想库”只是零星地、随便地记录下来的各种阅读和对话时的片段材料的大杂烩，我也许只在记录的当时才确切知道这些材料产生的背景情况。

这一点，我在弗朗茨·卡夫卡逝世后两年就清楚，当时我在波希米亚–摩拉维亚高原的斯塔拉里斯市捷克正统天主教徒、政论家和出版商约瑟夫·弗洛里昂家逗留了几天，和他及在他的家庭中生活的弗拉那神甫讨论弗朗茨·卡夫卡和现代文化的各种发展可能，我们整整讨论了几个下午和晚上。

应弗洛里昂的要求，我从日记和“思想库”那毫无文学色彩的记载中编了一本语言上大家都能懂的言论集，弗洛里昂想用捷克文出版这个集子。这件事没有成功，因为我的感情与思想和弗洛里昂的正教思想无法取得一致。于是我就只好离开了。我开始了在不同的人、城市、价值观和职业之间不安地进行摸索的漫长时期。在这个过程中，无数新的体验冲刷了我青年时期的感情与思想经历。卡夫卡博士的形象苍白淡漠了。我离开了我青年时代的精神上的根本经历，因而也就离开了我自己，离开了只保留给我一个人的、发展我独特的现实的各种可能性。就像那些写得很工整的回忆和记录连同那本厚厚的灰色“思想库”笔记本放在我的书柜里旧的乐谱、乐曲初稿、图画和剪报下面“闲居”那样，我与卡夫卡博士相处的日子留下的情景和话语也沉没在对幸福和生活真谛的各种杂乱无章的错误想象中。后来，在战争和暴力的高压下，我才开始清理我的思想。《变形记》中的昆虫生活和《在流刑营》中的冷酷无情的行刑机器突然出现在我面前，我的装订工当时在我的卡夫卡早期小说集上绘制的燃烧的荆棘丛，“我的”卡夫卡博士多年以前试图只把它看作必须摈弃的夜魔的世界观和信仰浮现在我的脑际，弗朗茨·卡夫卡的地狱突然变成我的日常体验的普通组成部分。

我曾与我的朋友、布拉格著名音乐家格奥尔格·瓦霍弗斯及他的妻子雅娜谈论强烈地触动我心灵的世界气氛的转变。他们认为，我对弗朗茨·卡夫卡的回忆不属于我一个人。

“一个人从酸甜苦辣的经历中榨出的经验之酒是属于大家的，”雅娜说，“因此应该用语言的盘子把酒传递给大家。”

我的朋友也赞同她的看法。他说：“你一定得把这些谈话整理出版。你是卡夫卡的见证人，你也许掌握着理解他的内心本质的重要钥匙。”

听了他们的话，我回答道，我不了解他的全部作品；我当时并没有把他当作诗人与他来往，而只是把他当作我父亲的同事。对此回答，我朋友的妻子却火冒三丈。她一边在空中挥舞双手，一边嚷道：“你怎么那么死脑筋？对全人类具有重要意义的伟大作品要求一个人全身心地投进去。这一点在你们的谈话里可以看得很清楚。在法学博士卡夫卡和作家弗朗茨·卡夫卡之间并没有把他们分割开的隔音水泥墙。这一点，在他和你进行的谈话中可以清清楚楚地听出来。你和他的谈话是他作品的一部分。因此，你不能把这些谈话据为己有，不公之于众。”

对此，我无言以对。

我从柜子里取出我的记录，交给我朋友的妻子打字誊清，因为当时（1947 年）我在臭名昭著的布拉格潘克拉克监狱[1]无端地受了十四个月监禁之后，精神受了打击，身体十分虚弱。

约哈娜·瓦霍弗斯[2]没用几天，就一式三份打完了我的稿子，并做了注释。她没有问我一声，就于 1947 年 3 月 21 日通过布拉格邮政总局把稿子寄给了在以色列特拉维夫的马克斯·布罗德。然而过了几星期后，我朋友的妻子没有得到回音，心中十分不安，她又把一份复写稿寄给她住在斯德哥尔摩的伯父埃米尔·科萨克，一位印刷专家。斯德哥尔摩也没有回音。于是我决定把我的书提供给属于玛丽·S. 罗森贝格夫人的一家犹太小书社，她住在纽约西 100 区 72 街。她很快复了信，并于 1947 年 9 月 10 日来到布拉格，从国家手里买了大批被没收的德语旧书运回美国。对我的书稿《卡夫卡对我说》——后来我才意识到——她只表示了礼节性的兴趣。但对我这样一个刚刚被释放的、受了百般折磨的拘留犯来说，这已经很不错了，毕竟别的人对我的信都不做答复。我抱着一丝出版的希望，把最后一份打字稿给了罗森贝格夫人，而没有向她要收条，从此我再也没有见过这份稿子。

雅娜·瓦霍弗斯把我的回忆录称为卡夫卡资料集，现在这本资料集无声无息了。我试图把我的回忆录当作一次失败的因而毫无意义的文字，忘掉它。然而到了 1949 年圣诞节时，我收到了一封落款日期为 1947 年 12 月 14 日的信，信是卡夫卡的忠实朋友和知己马克斯·布罗德寄来的，他在信里

1 二战中被纳粹德国占领，主要用于关押和处决捷克抵抗人士，是当时捷克最大的监狱。
2 即雅娜。——本书此后的注释除特别说明外，均为译者注，不再一一标注。

谈了对我的稿子的看法。他指出了注释中的几个小错误，在总体上则把我的书称作一本“很好的、很有启发性的、具有重要意义的书”，他将为这本书的出版而奔走。

他在信的结尾说：“最后，我要再次对您说，您的记录使我感到很高兴，它让我那难忘的朋友的某些重要特征——其中一部分增加了新的细节——又活生生地展现在我的眼前，令人十分感动。请告诉我您贵体如何。”

这是在担惊受怕和蒙受耻辱的漫长岁月后听到的第一句亲切的、给我刚刚萌发的自我意识以力量的话，而且由“我的”卡夫卡博士所敬重的、以他的安静而又恳切的方式喜欢的人说出来，对我的效果就更加强烈。

我于 1950 年 1 月 5 日给马克斯·布罗德博士写了一封信。我在信中写道：“您的信对我来说是一件很好的圣诞礼物。您当然可以在附录（雅娜·瓦霍弗斯以阿尔玛·乌尔斯的笔名写的注释）里按您的意见改动和更正。我为此非常感谢您。我并不把我关于弗朗茨·卡夫卡的书看作文学作品，而是看作资料：它不外是一个见证人的陈述，和对我青年时代的环境气氛的一次盘点，如果可以这样说的话……”

在信的结尾，我给马克斯·布罗德博士对我的书进行必要修改的权利。对布罗德博士亲切的话语，我报之以完全的信任，待到书出版——合同和修改稿我从未见过——我对他的信任受了一次令人非常沮丧的打击。原稿的很大一部分在书里不见了，包括不少我非常看重的地方，因为这些材料反映了《变形记》和《在流刑营》的充满梦幻的作者迄今为止未显露的反叛精神，他的坚定地反官僚主义的态度，他在烟雾缭绕的办公室里发出的呻吟和不时出现的苦涩的绝望情绪，他对布拉格历史的深切关注，他对语言的双关字义充满幻想的执着追求，他对假社会主义政党党魁的辛辣讽刺，他对任何一种政治幻想的现实目光，他那略带阴森味道的幽默，以及他那有力的、批判性的处事态度。

所有这些在1951年由费舍尔出版社出版的书里几乎都被删去了，我的书成了没有头没有四肢的躯干，一具残疾的躯体，一副可怜的残体，看到它，我的心就抽搐。这是一本蒙上眼罩的书，一条因乱砍乱删而变得模糊朦胧的地平线，一张疲乏的、露出犬齿的歪嘴，一个遭受阉割的废物。

马克斯·布罗德为什么要这样做？

为什么我的记录要以这种侮辱卡夫卡其人的、歪曲的形式出版？

难道我的质朴无华的回忆组成的斑驳图像妨碍了某个我不知道的文化纲领？

难道我的卡夫卡博士与他的遗作的编选者所希望的不同？

他为什么删去揭示卡夫卡属于无政府主义者的、迄今鲜为人知的根源的段落？

难道真像布拉格左派杂志《青年犹大》的共产党发行者恩斯特·科尔曼1920年在一份传单中所说的，马克斯·布罗德是一个大资产阶级民族主义者？

为什么在我的记录里到处乱删？谁讨厌这些东西？

我越不能回答这些问题，这些问题就越在我的脑子里萦回。要搞清这些问题，最简单的也许是给马克斯·布罗德写封信。然而，正是这一点我不能做。布罗德曾为出版我的书而奔走，我为此应该感谢他，而且我曾授权他做某些删节和修改。我现在无法抗议。我只能紧闭嘴巴。可是，在这方面我没有一丁点儿天赋。我不高兴的时候，很难掩饰我的情绪。这次我的书被搞得断了胳膊缺了腿，我也是这样。我沉默，我后退，但我嘟哝，而且常常很响[1]。

听见我发牢骚的人从他们的兴趣出发做出了反应。

来自罗马（路德维希街16号）的意大利记者内里奥·米努索离开布拉格前不久由年轻的捷克记者扬·帕里克介绍与我见面。他对我说："您是最后一个在布拉格还活着的认识作家弗朗茨·卡夫卡的人。您应该把您知道的一切都说出来，告诉大家。每个细节都可能是一把钥匙。您不能沉默，使他罩上一层迷雾。"

我大为震惊。我把卡夫卡看作我们时代最深沉、最痛苦的精神冲突的耀眼烽火，难道我要让这样一个人的精神面貌、让这样一束指引方向的光蒙上一层雾霭？——我无言以对。我承认，当内里奥·米努索和他的朋友们突然动身前往机场时，我是多么高兴。

我书里的漏洞并不是我造成的。它来到我手里时已经是一具缺头断肢的躯体。我很愿补全它，但我没有办法。三份打字稿都没有了。我没有副本，我的日记在我无辜坐监时被

---

1 很久以后才知道，我这样猜疑是冤枉了马克斯·布罗德。——雅诺施

妻子烧掉了。那么那本“思想库”呢？我不知道放哪儿去了。对过去的事，我怎么能理清脉络呢？

我和杰出的卡夫卡传记作者克劳斯·瓦根巴赫通过几个月的书信，在布拉格一连几天一起追寻《变形记》和《在流刑营》作者的足迹。他对我说：“您一定得把您知道的有关卡夫卡的事情写下来。时间不多了，过不了多久，就再也没有人能回忆当时的情况了。”

瓦根巴赫的话让我清楚地意识到我身体虚弱、随时会死这一事实。他说得对，我该怎么办？是否该对马克斯·布罗德博士和《卡夫卡谈话录》这一不完全的版本表示怨恨和不满？

克劳斯·瓦根巴赫是布罗德的熟人，是费舍尔出版社的编辑之一。我以一件微不足道的事情为借口，谢绝了他愿意帮忙的表示。那借口是什么，我今天已经记不起来了。

但是，我内心的痛苦并未因此而有些许减轻。相反，这本缺头断肢的书给我造成了精神创伤。我是重要的见证人，却不能做证。我感到很内疚。于是，我很自然地向许多人求教，但是，当一个人处在一种触及最隐秘的生命之根的痛苦中时，他总是孤独的，别人帮不了忙。他们说的话全都是隔靴搔痒——倘若他们没有真正的、不拘俗套的爱的话。

在一个阳光灿烂的下午，我和奥地利文学学会的秘书沃尔夫冈·克劳斯博士一起坐在已经关门的安静的墓地里，坐在弗朗茨·卡夫卡墓旁。他对我说，我应该把我的回忆写下来出版。他说：“没有地方规定，您除了那本获得成功的《卡夫卡谈话录》外，就不能出版您自己关于您熟悉的这位布拉格作家作品的研究文章。”

对他的看法我没有说什么。在这位叫人喜爱的维也纳文学研究者面前，我不能说，弗朗茨·卡夫卡对我来说不是文学研究的材料，而是悄悄形成的个人宗教的轴心。对我来说，弗朗茨·卡夫卡过去不是，现在也不是轻松愉快的文学事项，而是一个十分严肃的信仰楷模和生活典范。

到现在为止，知道这一点的人当然只有少数几个，因此，许多外国出版社纷纷找我，向我提出各种不同的出版要求。比如慕尼黑的金德勒出版社就要求我找出我的资料箱，帮助他们出版一本有关步卡夫卡后尘的人的书。我于 1961 年 5 月 25 日婉言拒绝了这个提议，因为事情很清楚，我没有必要的材料和条件。我既没有未经删节的《卡夫卡对我说》原稿的复印件，也没有旧的“思想库”记录本。况且，即便我找到丢失的灰色记录本，我也很难回忆起那些言论是怎样产生的。经过这么多年以后，我很可能会把某条记录误安到弗朗茨·卡夫卡头上，而按照实际情况，这条记录是从现在已经遗忘的某本阅读材料中摘引出来的。

我还能做什么见证呢？我不能胡乱想出点什么，给世界某地的某些猎取新闻细节的猎手端上几盘逸事佳肴。我的每一句话都必须严格限制在尽量精确的证词上。就连这样的证词也被误解了。

一次，意大利电影导演费尔南多·吉亚玛特奥到布拉格为意大利电视台拍摄一部关于卡夫卡和布拉格的短片。我带他走过管道状的、黑暗的房子通道，当查理大桥的高塔和布拉格城堡的侧影突然从雾霭中出现在面前时，他对我说：“您是一位作家。”

“您是一位作家，”他又说了一遍，“对您来说，卡夫卡是您在青年时代遇见的不寻常的人。”“这话不错，”我说，“他是一位先知。弗朗茨·卡夫卡不是生活在布拉格。布拉格只是跳板。弗朗茨·卡夫卡生活在神圣的殿堂里。”

因此，我觉得丢了我的回忆录是一种过失，是一个严重的过错。

巴黎克拉维电影制片公司负责人露西·乌尔里奇在布拉格逗留期间，我曾把我的上述想法告诉过她。她对我说：“请您冷静。卡夫卡是预言家。您记下了他的声音。预言家的声音不能湮没。您其余的谈话片段一定能找到。弗朗茨·卡夫卡不是一般的文学事项。卡夫卡的声音是给我们时代所有人的重要讯息。您的《卡夫卡谈话录》一定能不加删改地完整出版。”

我们在瓦茨拉夫广场[1]五彩缤纷的霓虹灯下漫步。露西女士的声音充满炽热的信念。我感觉到这种信念，但我不相信她的话。对我来说，她的热情只是一种姿态。我的谈话录的原稿和复写稿都没有了，不会出现什么奇迹把稿子送回来。我觉得很难受。我感到我就要因糖尿病而昏厥过去。我的呼吸很急促，背上渗出了冷汗。露西女士叫了一辆出租车，把我送回市郊我住了很长时间的房子。

她告别时对我说：“您不能垮下去。正像卡夫卡说的那样，

1 布拉格新城最重要的广场和商业中心之一，以波希米亚大公瓦茨拉夫一世（Václav Ⅰ，907—约 935）命名。

绝望是最大的罪过之一。您一定要相信公正和仁慈，然后一切都会变好。好事常常穿着灾祸的外衣来到我们身旁。”

露西女士说得对，但这一点是我很久以后才体验到的。在我和露西女士谈话时看到和经历的是，我被剥夺了任何权利，处在重重困难之中，毫无出路，这种情况不是由社会和国家制度的外部情况，而是由事情和人自身的内部魔力所造成的。

和露西·乌尔里奇女士谈话后，我在可怕的重压下生活了好几个月，我做了种种努力都摆脱不了这种重压。我一天比一天昏聩。我的妻子海伦妮长期重病后去世了。不久，我的女儿安娜骑摩托车出事丧生，我未能参加她的葬礼，连妻子的丧葬费我也只付了一部分，因为我的一切生计都已断绝。我在布拉格一家有名的出版社任社外编辑和译者，但这家出版社的女经理自杀身亡了。出版社新领导不肯承认主要是口头委托的任务。整整干了一年，没有得到一分钱，当我对这种不公正待遇进行抵制时，我非但没有得到钱，还被切断了所有活计。与此同时，我在德国图书市场上与几个纳粹分子发生了冲突，他们施展诡计，破坏我的一本书的出版。我在这本书里突出描写了种族迫害引起的心灵上和精神上的后果，写了遭受种族迫害的人把爵士音乐当作他们争取心理解脱的手段。因为我不仅了解黑人音乐，而且熟悉特雷津[1]集中营里年轻犹太人的“音响面包”，我多年的朋友、作曲家埃米尔·路德维希忘我地支持他们。

1 捷克西北部城市，1941—1945 年希特勒曾在此建立集中营。

这些事实当然不合昔日为种族干部、而今摇身一变成为干练的民主主义者的人的胃口，他们用非常卑鄙的手段破坏我的《死亡布鲁斯》一书的出版，当我进行抵制时，我的《相逢在布拉格》一书也被压下，没有再版，而此书第一版在此以前几个星期销售一空，美国加利福尼亚大学伯克利分校和苏联利沃夫大学要莱比锡的保罗·李斯特出版社供书，均一无所获。

我由于坚定的、人道主义的、与对弗朗茨·卡夫卡的信仰和怀念密不可分的思想而毫无法律根据地受到迫害，被逼到了生存受到威胁的境地。他们封住我的嘴巴，企图剥夺我从事活动的一切手段，以此加速我的内耗，摧毁我。

他们的阴谋几乎得逞。我长期病魔缠身，心灵备受煎熬，现在又不得不花更多的精力为日常衣食操劳，因而我的新陈代谢功能受了影响，失去了平衡。我心灵上和肉体上都衰颓了。其结果是，我逐渐陷入外部与内心的孤独中，这种孤独感没有使我的内心变得冷酷漠然起来，相反，使我产生了一种任人摆布的无可奈何的感觉，心情越来越烦躁不安。

与我交好的医生诊断，我很容易受各种疾病的感染。我几乎高烧不退，离不开病床。除了身体的衰败，智力的逐渐衰退也显现出来。我迄今为止都很出色的记忆力出现了漏洞。我转瞬之间就忘记已经定型的动作和日常小事。我的生活似乎没有价值了。我已经成为加缪、贝克特[1]和其他荒诞派大师

1 加缪（Albert Camus，1913—1960），法国作家，1957 年获诺贝尔文学奖；贝克特（Samuel Beckett，1906—1989），爱尔兰作家，1969 年获诺贝尔文学奖。

的写作对象了。我只有一种前景：死。我要安详地、悄然地等待死亡。我现在的唯一希望是一切都井井有条。由于得到许多好人无私的帮助和关怀，我得以坚持到现在，我不愿给他们留下债务和混乱。于是我又回到我在民族街的老宅，自从妻子去世后，我很少到这里来，而且每次都是来去匆匆。我想找出留在这里的图画、衣服、瓷器和其他东西送人。翻了约半小时后，桌子上堆了一大堆各种各样不同的东西。我想找一个箱子。房间里没有箱子。先前，我在厕所的杂物架上看到过几个硬纸板货箱。我从那里搬过来一个磨损得很破旧的大纸箱。箱子里装满了各种衣料布头、毛衣针和发黄的裁剪图案。我把箱子里的东西全倒到地上。最下面有一本约翰·施特劳斯的华尔兹乐谱，而乐谱下面竟是我的灰皮旧笔记本"思想库"。施特劳斯华尔兹乐谱中夹着打字纸，那正是我的《卡夫卡谈话录》删节段落的原稿。我不禁坐下读起来。

马克斯·布罗德博士在我的书里并没有随意乱删。他一段都没有删。我冤枉了他许多年。错误在于我什么都不当回事儿的偷闲作风。较之远者，我给予了近者更多的信任。约哈娜·瓦霍弗斯因为焦急——自然是好意——没有把全部打字稿寄给马克斯·布罗德。这就是事情的原委。这些打字稿怎么会夹到乐谱本里，又装到箱子里，我不清楚。不过现在这也不重要了。露西·乌尔里奇女士说得不错。她说得太对了。她的热忱并不是姿态。像冤枉了马克斯·布罗德那样，我也对不住她，因而也对不住自己。预言家的声音是不会湮没的。这一点，露西女士早已看到并且说过。

因此，在整理我一生遗留给后世的东西时，第一桩事只能是补充有关卡夫卡的见证材料，但这不是结束，不是坠落彼岸，而是开始，是归返。不仅对我，而且对许多默默无闻地工作、为美好的明天努力的人，都是如此。

正如善良忠诚的马克斯·布罗德博士所说，我的卡夫卡博士是指路人，因此，我在这里写下的公开忏悔和谢罪的文字不是终结，而是一扇敞开的门，一片希望，一次呼吸，给我们这些虚弱的人身上——在我们经历了恐惧与失望的种种折磨后——还活着、尚未被摧毁的东西带来新的力量。

古斯塔夫·雅诺施

1968 年

卡夫卡谈话录

1920年3月底的一天，我父亲在吃晚饭时要我第二天上午到他办公室去一趟。

“我知道，你常常逃学，到市立图书馆去。”他说，“明天到我那儿去一趟。穿整齐像样点。我们去见个人。”

我问，我们一起到什么地方去。我觉得，我的好奇让他高兴，但他没有说到哪里去。“别问，”他说，“别好奇，到时候你就知道了。”

第二天快中午时，我来到劳工工伤保险公司四楼我父亲的办公室。他从头到脚仔细打量了我一番，打开写字台中间那个抽屉，拿出一个上面写着“古斯塔夫”几个美术字的绿色公文包，放在自己面前，然后又打量了我好久。

“你干吗站着？”他过了一会儿说，“坐下。”我脸上紧张的神情使他狡黠地微微皱了皱眉头。“别害怕，我不会责骂你的，”他和蔼地说，“我要像朋友对朋友那样和你说话。你要忘记我是你的父亲，好好听我讲。你在写诗，对吧？”他看着我，好像要给我一张账单似的。

“你怎么知道的？”我结结巴巴地说，“你从哪儿听说的？”

“这很简单，”父亲说，“我们每月付一大笔电费。我研究了耗电量这么大的原因，于是发现你房间里的灯深夜还亮着。我想知道你都在干什么，就注意观察你。我发现你老是写呀画的，写了又撕，或者把它塞到钢琴下面。有一天你去上学时，我看了你的东西。”

“你发现什么了？”我咽下一口口水。

“没什么，”父亲说，“我发现了一个黑皮笔记本，上面写着‘经验集’。这个名字引起了我的兴趣。但当我发现这是你的日记时，我就把它放到了一边。我不想窥探你的灵魂。”

“可是诗你读了。”

“是的，诗我读了。那些诗放在一个黑色公文包里，取名为‘美好集’。好多地方我不懂。有些东西，我只能说挺傻的。”

“你为什么读我的诗？”我已经十七岁，碰我的东西就是对我的大不敬。

“我怎么不能读你的诗？我为什么不能了解你的诗作？有几首诗我甚至很喜欢。我很想听听行家们的评论。所以我抄下了你的诗，在办公室里用打字机打了下来。”

“你抄了哪些诗？”

“所有的诗，”父亲回答，“我不仅仅尊重我理解的东西。我让人判断的不是我的鉴赏力，而是你的诗。因此我抄了所有的诗，交给卡夫卡博士评价。”

“卡夫卡博士是什么人？你从来没有说过他。”

“他是马克斯·布罗德的好朋友，”父亲解释道，“马克斯·布罗德的书《第谷·布拉赫[1]走向上帝的路》就是献给他的。”

“那他就是《变形记》的作者！”我高喊起来，“这篇小说妙极了！你认识他？”

父亲点点头。“他在我们的法务部工作。”

“他对我写的东西怎么说？”

“他称赞了你的诗。我原想，他只是这么说说而已，但后来他请我把你介绍给他。我跟他说了，你今天去。”

“这就是你说的去见人的事，是吧？”

“是的，就是去见他。”

父亲带我走到三楼，来到一间布置得很好的大办公室。房间里两张办公桌并排放在一起，一张桌子后坐着一个又高又瘦的男子。他一头黑发向后梳着，大鼻子，窄窄的前额下长着一双漂亮的灰蓝色眼睛，微微苦笑着。

“这肯定就是那个孩子啦。”他说，连句问候也没有。

“就是他。”我父亲说。

卡夫卡博士向我伸过手来。“在我面前您不用害羞。我也交一大笔电费。”他笑起来，我的胆怯消失了。

他就是神秘的甲虫萨姆沙[2]的作者，我心中想道。我看见面前

1 第谷·布拉赫（Tycho Brahe，1546—1601），丹麦著名天文学家。布罗德的《第谷·布拉赫走向上帝的路》出版于 1916 年，扉页题词为“献给我的朋友弗朗茨·卡夫卡”。

2《变形记》主人公。

站的是个简朴的普通人，不禁有些失望。

“您的诗里还有许多喧闹，”父亲走出办公室后，弗朗茨·卡夫卡说，“这是青年人的并发症，他们生命力过于旺盛。甚至这种喧闹也是美的，虽然它与艺术毫无共同之处。相反，喧闹妨碍表达。但我不是批评家。我不能很快变成什么，然后又很快回到我自身中，精确地测量距离。我已经说过，我不是批评家。我只是个被审判者，是观众。”

“不是法官？”我问。

卡夫卡尴尬地微微一笑。

“我虽然是法庭工作人员，但不熟悉法官。也许我只是个小小的法庭杂役。我没有什么明确固定的任务。”卡夫卡笑了。我跟他一起笑，虽然我不懂他的话。

“只有痛苦是确定的。”他严肃地说，“您在什么时候写作？”

我没有想到他提这样一个问题。我很快回答道：“晚上，夜里。白天很少写。白天我不能写。”

“白天是个大魔术师。”

“光亮妨碍我写，工厂、房子、对面的窗户都妨碍我。最主要的是光，光使我不能集中精力。”

“光亮也许把人从内心的黑暗中引开。如果光征服了人，那很好。如果没有这些可怕的不眠之夜，我根本不会写作。而在夜里，我总是清楚地意识到自己单独监禁的处境。”

难道他自己不也是《变形记》中的不幸的甲虫吗？我心中突然冒出这样一个想法。

我很高兴，这时门开了，我父亲走了进来。

卡夫卡浓眉大眼，眼睛是灰色的。他褐色的脸生动活泼。他用表情传言。

只要能用脸部肌肉的运动代替话语，他就这样做。微笑，皱眉，蹙起前额，努嘴或撮尖嘴唇，这些都是他代替说话的动作。

弗朗茨·卡夫卡喜欢手势，因此他轻易不用手势。他的手不是伴随谈话的辅助手段，而仿佛是独立的动作语言的话语，是一种交际手段，绝不是被动的反射，而是有目的的意念表达。

十指交叉，或手掌摊开放在办公桌的桌面上，上身舒适而又紧张地后靠在椅子上，脑袋前倾，双肩微耸，把手放在胸口——这就是他有节制地使用的表达手段的一小部分。他在做这些动作时总露出请求原谅的微笑，仿佛他要说："这是真的，我承认我在做游戏，不过我希望，我的游戏能让你们喜欢。而且——而且我这样做也只是为了争取你们片刻的理解。"

"卡夫卡博士很喜欢你，"我对父亲说，"你们是怎么认识的？"

"我们是因公事认识的。"父亲回答，"我设计了卡片柜以后，我们的来往就更多了。卡夫卡博士很喜欢我做的模型。于是我们就交谈起来，他告诉我，他下午下班后，会在卡林区波德布拉德街上的科恩霍伊泽木匠家'干几个钟头'。从那时起我们就常谈私事。后来我把你的诗给了他，我们就成了熟人。"

"为什么不是朋友？"

父亲摇摇头说：“要交朋友嘛，他太胆怯，太内向了。”

我第二次去看卡夫卡时问他：“您还到卡林的木匠家去吗？”

“这您知道？”

“我父亲告诉我的。”

“不去了，我早就不去了。我的健康状况不允许我去。身体陛下不许。”

“这一点我能想象。在尘土飞扬的作坊里劳动不是什么舒服的事。”

“您这就错了。我喜欢作坊里的劳动。刨花的气味，锯子的吟唱，锤子的敲打声，这一切都让我着迷。下午的时间很快就过去了。夜晚的到来总让我感到十分诧异。”

“晚上您一定很累。”

“我是累，但也幸福。没有什么东西比这种纯洁的、摸得着的、到处有用的手工艺更美好的东西了。除了木匠活，我也干过农活，莳弄过花草。那些活都比办公室的徭役美好、有价值。表面看来，办公室里的人要高贵一些，幸运一些，但这只是假象。实际上，人们更孤独，更不幸。事情就是这样，智力劳动把人推出了人的群体。相反，手工艺把人引向人群。可惜我不能到木匠铺或花圃里干活了。”

“您不会放弃这里的位置吧？”

“为什么不呢？我梦想到巴勒斯坦当农业工人或工匠呢。”

“您把一切都留在这里？”

“为了到安全优美的地方找到有意义的生活，我愿把一切留在这里。您知道作家保罗·阿德勒吗？”

“我只知道他的《魔笛》[1]一书。”

“他在布拉格，和妻子儿女在一起。”

“他的职业是什么？”

“他没有职业。他只有使命。他带着妻子儿女从一个朋友家到另一个朋友家。他是个自由人，自由作家。在他身边，我总感到良心不安，我就这样让我的生命在办公室里窒息而死。”

1921 年 5 月，我写了一首十四行诗，由路德维希·温德尔[2]发表在《波希米亚日报》的星期日副刊上。

卡夫卡就此机会对我说：“您把作家写成一个脚踏大地、头顶青天的伟人。这当然是小资产阶级传统观念中一幅极普通的图画。这是隐蔽的愿望的幻想，与现实毫无共同之处。事实上，作家总要比社会上的普通人小得多，弱得多。因此，他对人世间生活的艰辛比其他人感受得更深切、更强烈。对他本人来说，他的歌唱只是一种呼喊。艺术对艺术家来说是一种痛苦，通过这种痛苦，他使自己得到解放，去忍受新的痛苦。他不是巨人，而只是生活这个牢笼里的一只或多或少色彩斑斓的鸟。”

“您也是这样？”我问。

---

1 保罗·阿德勒（Paul Adler，1878—1946），他的长篇小说《魔笛》出版于 1916 年。——雅诺施

2 路德维希·温德尔（Ludwig Winder，1889—1946），小说家、剧作家，1928 年前在布拉格《波希米亚日报》当编辑。他的长篇小说《犹太管风琴》出版于 1922 年。——雅诺施

“我是一只很不像样的鸟，”弗朗茨·卡夫卡说，“我是一只寒鸦—— 一只卡夫卡鸟[1]。泰因霍夫街煤店老板就养着一只，您看见过吗？”

“看见过，它常在店前乱跑。”

“您瞧，我的亲戚的情况比我还好呢。它的翅膀剪掉了，这是真的。而我呢，翅膀无须剪掉，因为我的翅膀已经萎缩，因此，对我来说不存在高空和远方。我迷惘地在人们中间跳来跳去。他们非常怀疑地打量我。我可是一只危险的鸟，一个贼，一只寒鸦，但这只是假象。实际上，我缺乏对闪光的东西的意识和感受力，因此，我连闪光的黑羽毛都没有。我是灰色的，像灰烬。一只渴望在石头之间藏身的寒鸦。不过这只是开玩笑，免得您觉察到我今天情绪很坏。”

我记不清到弗朗茨·卡夫卡的办公室去了多少次。有一点我却记得很清楚：一天下班前半个小时或一个小时，我打开工伤保险公司三楼他办公室的门，看到了他的身体姿势。

他坐在办公桌后面，头向后仰，两腿前伸，双手放松地放在桌面上。菲拉的画《陀思妥耶夫斯基的读者》[2]稍稍体现了他现在的姿态。菲拉的画和弗朗茨·卡夫卡的身体姿势极为相似，但这纯粹是外在形式相似，而内心却极为不同。

---

1 在捷克语中，“卡夫卡”的意思即寒鸦。

2 埃米尔·菲拉（Emil Filla，1882—1953），捷克先锋派画家。《陀思妥耶夫斯基的读者》创作于 1907 年，是其重要代表作。

菲拉描绘的读者被什么东西征服了，而卡夫卡的姿势表达了一种主动的，因而是胜利的献身。薄薄的嘴唇四周漾着一丝笑意，这种微笑与其说是自身高兴的流露，毋宁说是某种遥远的、陌生的、欢愉的、令人感动的余晖反射。他的眼睛总是稍稍从下往上看人。弗朗茨·卡夫卡姿态奇特，仿佛他要为他又瘦又高的身躯表示歉意似的。他那整个形象似乎想说："对不起，我是微不足道的。倘若您对我视而不见，您就会给我带来莫大的快乐。"

他用一种微弱的、模糊的男中音说话，他的声音虽然在力度与高度方面从不离开中区，却非常优美悦耳。他的声音、表情、眼神，全都透出理解与善良的安详之光。

他说捷克语和德语，不过更多的是德语。他的德语音调刚硬，类似捷克人说德语时带的口音，但这只是微小的、大约的类似，实际上却是完全不同的。我所想的德语的捷克口音是刺耳的，语言听起来是破碎的。卡夫卡的语言却从未给我留下这种印象。他的语言由于内部的张力而显得有棱有角：每个字都是一块石头。他的语言的刚硬是由追求精确得当的表达的渴望造成的，因此，他的语言的这一特点不是由被动的群体特点，而是由主动的个人性格决定的。

他的语言像他的手。他有一双强有力的大手，手掌很宽，手指纤细，平滑的指甲形状像铁锹，指节和节骨外鼓，但同时又显得很纤柔。

每当我回想起卡夫卡的声音、他的微笑和他的手时，我总想起父亲的一段评说。他说："这是与胆怯的纤细弱小联系在一起的力量；对这种力量来说，一切细小的就正是最重的。"

弗朗茨·卡夫卡工作的办公室是一间中等大小、相当高的，同时又让人感到憋闷的房间，房间的外观让人想起一所相当不错的律师事务所主任办公室那当之无愧的雅致。房间有两扇磨得很光亮的黑色双翼门。通过其中一扇门，人们可以从黑暗的、放满高高的档案柜的、散发出烟味和尘土味的走廊走进卡夫卡的办公室。另一扇门安在从入口处看是右侧墙壁的中间，通向工伤保险公司正楼二层的各办公室。不过，就我记忆所及，这扇门几乎从未开过。来访者和本公司职员通常只用通向走廊的门。他们敲敲门，弗朗茨·卡夫卡回答一声简短的、并不太响的"请"，而与他同一间办公室的同事则傲慢地、没有好声气地喊一声："进来！"

他的同事企图用这种语调让来访者在门口就意识到自己的无足轻重。这种语调符合他那总是紧蹙的黄眉毛，稀疏的尿黄色头发上直通后脖子的笔直的中分线，打着黑色宽领带的高高的衣领，扣得紧紧的背心，以及微微突出的水蓝色鹅眼睛。这位同事多年来就坐在卡夫卡的对面。

我现在还记得，弗朗茨·卡夫卡听到他的同事这一声粗暴的"进来"，总要微微打战。他仿佛缩成了一团，用明显的怀疑目光从下面看着对方，好像他片刻之间就要挨打似的。即使他的同事用和蔼的声音对他说话，他也是这种态度。我看见，卡夫卡在同事特雷默尔面前总感到不自在。

因此，我进了保险公司，来到他身边时立刻就问他：“有他在场的时候我们能说话吗？他也许是个搬弄是非的人？”

卡夫卡博士摇摇头说：“我想不是的，不过那些像他那样总担心失去自己职位的人，在某些情况下是会做坏事的。”

“您怕他？”

卡夫卡很不自在地微微一笑说：“刽子手总是名声不好的。”

“您这是什么意思？”

“今天，一个诚实的、按照公务条例得到丰厚薪水的公务员就是一个刽子手。为什么在每一个诚实的公务员身上就不会隐藏着一个刽子手呢？”

“公务员们可不杀人啊！”

“怎么不杀！”卡夫卡用手重重地拍了一下桌子，答道，“他们把活生生的、富于变化的人变成了死的、毫无变化能力的档案号。”

听了他的话，我只点了一下头，因为我已经明白，卡夫卡博士想用刚才这一番一般化的言论代替对他同事的明确的性格刻画。他要掩盖多年来存在于他和他最邻近的同事之间的紧张关系，然而，特雷默尔博士似乎知道卡夫卡对他的反感，因此，他跟卡夫卡说话时——无论公事私事——总是用一种居高临下的主人的语气，同时薄嘴唇四周总是露出一丝老于世故的嘲弄的微笑。因为，哼，卡夫卡博士和他的大都很年轻的客人，尤其是我，有什么了不起的？

特雷默尔的表情清楚地告诉我他的想法：“我真不明白，为什么您，公司的法律顾问，就像和同一等级的人那样与这些微不足道的下等人谈话，兴致勃勃地听他们说话，有时甚至还让他们教训您？”

卡夫卡最邻近的同事并不掩盖他对卡夫卡以及他的私人客人的反感。不过，当着客人的面，他还是有所克制，因此——至少是我走进办公室时——他总离开房间。这时，卡夫卡博士通常都非常明显地松了口气。他露出微笑，但是他骗不了我。特雷默尔对他是一种折磨，因此我有一次对他说：“跟这样一个同事共处可真难。”

但是卡夫卡博士举起手，有力地挥了一下，表示不同意我的看法。“不，不！这不对。他并不比其他职员坏。相反，他比他们好得多。他知识很丰富。”

我回了一句：“也许他只想拿它炫耀自己。”

卡夫卡点点头说：“这是可能的。许多人都炫耀自己，实际上一件真正的事都没有做，而特雷默尔是个真正勤奋的人。”我叹口气说：“唉，您称赞他，而您却压根儿不喜欢他。您只是想用赞扬掩盖您的反感罢了。”

听了我的话，卡夫卡的眼睛闪出光芒，他把下唇向里抿了抿。我补充我的说明：“他对您来说是完全不同的异类。您把他看作笼子里的异类动物。”

这时，卡夫卡博士几乎是恼怒地直瞪着我的眼睛，用一种因克制而显得严厉的声音轻声说：“您错了。在笼子里的不是特雷默尔，而是我。”

“这说得通，这种办公室……”

卡夫卡博士打断我的话。“不仅仅在这里的办公室，而是到处都是笼子。”他把攥紧的右手放到胸口上，“我身上始终背着铁栅栏。”

我们默然对视了几秒钟。这时外面有人敲门。我父亲走进房间。紧张气氛消失了，大家说些无关紧要的事，但卡夫卡的话“我身上始终背着铁栅栏”依然使我感到心在瑟瑟颤抖。不仅仅是那一天，后来许多个星期、许多个月都是这样。它像在小事情的灰烬中一直闪烁的余光，很久很久以后——我想是 1922 年春天或夏天——这余火突然像上蹿的火焰那样熊熊燃烧起来。

当时我常与大学生巴赫拉赫来往。就我所知，他只对三样东西感兴趣：音乐、英语和数学。就这一点，他有一次对我说：“音乐，是心灵的鸣响，是内心世界最直接的声音。英语相当于世界性的金钱帝国。在这里数学也起作用。不过这一点并不十分重要。数学高耸在粗俗的数字力学的王国之上。它是一切合理秩序的接近于形而上学的根。”

我总是专注地听他的宏论，惊讶得说不出话来。这使他很高兴，为此，他常常给我带来杂志、书和戏票。因此，当他有一次递给我一本崭新的书时，我一点也不感到意外。

“我今天给你带来一点非常特别的东西。”这是一本英文书，书名叫《妻子变狐记》，大卫·加尼特[1]著。

“你要我读这本书？”我失望地问，“你知道我不会英文。”

---

1 大卫·加尼特（David Garnett，1892—1981），英国小说家和批评家。他的长篇小说《妻子变狐记》出版于 1922 年，德译本出版于 1952 年。——雅诺施

“这我知道。我并不是拿来给你读的。我现在要告诉你一件事，这本书可以为我的话做证。你十分钦佩的卡夫卡博士名扬世界了。他的作品被模仿这一事实就是证明。加尼特的这本书就是《变形记》的仿作。”

“剽窃？”

巴赫拉赫举起双手表示否定：“不，我没有这样说。加尼特的书只是出发点相同。一个女人变成了一只狐狸。一个人变成一只动物。”

“你能把书借给我吗？”

“当然可以，就为这个我才把书带来的。你可以给卡夫卡看。”

第二天我到卡夫卡家找他，这一天他不在办公室。顺便提一句，这是我第一次也是最后一次到弗朗茨·卡夫卡的家里拜访他。一个瘦瘦的、穿着黑衣服的女人给我开了门。炯炯有神的灰蓝色眼睛、嘴巴的形态和稍稍隆起的鼻子表明她是卡夫卡的母亲。

我说我是卡夫卡博士的一位同事的儿子，问她能不能和他说一会儿话，她说：“他躺在床上。我去问问。”

她让我在楼梯间等着，过了几分钟她回来了。她脸上露出喜色，即使不说，我也能感觉到她的喜悦。

“您来看他，他很高兴，他甚至要了点吃的。不过请您不要待久了。他很累，睡不着觉。”

我答应马上就走。卡夫卡的母亲带我走过一间管道状的前厅和一间摆着深褐色家具的大房间，来到一间狭窄的房间里，弗朗茨·卡夫卡盖着一条套着白被套的薄薄的鸭绒被，躺在一张简朴的床上。

他微笑着和我握手，随意做了个手势，让我在床头边的一把椅子上坐下。“请坐。我大概说不了多少话。请原谅。”

“我这么突然来拜访您，应该我请您原谅，”我说，“可是我觉得事情确实很重要，我要给您看一样东西。”

我从上衣口袋里掏出那本英文书，把它放到卡夫卡面前的床单上，讲起我与巴赫拉赫的那次谈话。当我说加尼特的书模仿了《变形记》的方法时，他疲乏地微微一笑，做了一个小小的表示不同意的手势。“啊，不对！他不是从我这里抄去的。原因在于我们的时代。我们两人都是从时代那里抄来的。比起人，动物离我们更近。这是铁栅栏。与动物攀亲比与人攀亲更容易。”

卡夫卡的母亲走进房间。“您喝点什么？”

我站起身。“谢谢，我不想再打扰了。”

卡夫卡太太看着她儿子。他高高抬起下巴，闭着眼睛。

我说：“我只想送这本书。”

弗朗茨·卡夫卡睁开眼睛看着天花板，说：“我要读一读这本书。也许我下个星期就能上办公室去了。我到时把书带去。”他和我握了握手，闭上了眼睛。

第二个星期他没有去办公室。十天或是十四天以后，我才有机会从办公室陪他回家。他给我书，说：“每个人都生活在自己背负的铁栅栏后面，所以现在写动物的书这么多。这表达了对自己的、自然的生活的渴望，而人的自然生活才是人生，可是这一点人们看不见。人们不愿看见这一点。人的生存太艰辛了，所以人们至少想在想象中把它抛却。”

我继续发展他的思想：“这类似法国大革命前的那个运动。当时有一个口号叫‘归返自然’。”

“不错！”卡夫卡点点头，“不过今天人们走得更远了。人们不仅这样说，而且这样做。人类回归到动物，这比人的生活要简单得多。他们混在兽群里，穿过城市的街道去工作，去槽边吃食，去消遣娱乐。这是精确地算计好的生活，像在办公室里一样。没有奇迹，只有使用说明、表格和规章制度。人们害怕自由和责任，因此人们宁可在自己做的铁栅栏里窒息而死。”

第一次和弗朗茨·卡夫卡会面后大约过了三个星期，我第一次和他散步。

在办公室里他对我说，四点钟到老城广场的胡斯[1]纪念碑前等他，他要归还我借给他的一本写着诗的笔记本。

我按约定时间来到约定地点，可是弗朗茨·卡夫卡却整整一小时后才来。

他表示歉意：“我从来不能遵守约定的时间，总是迟到。我很想掌握好时间，我有遵守约会的真诚的良好愿望，但客观情况或者我的身体状况总是一再地打碎我的愿望，以此表明我的虚弱，这也许是我的病根。”

1 扬·胡斯（Jan Hus，约 1372—1415），15 世纪捷克宗教改革家。

我们顺着老城广场漫步。

卡夫卡说，我的诗有几首可以发表。他要把这几首诗给奥托·皮克[1]。“我已经和他说过这件事。”他说。

我请求他不要发表这些诗。

卡夫卡站住了。“您写诗难道不是为了发表？”

“不是。这些诗只是习作，非常简单的习作，我写这些诗只想证明我并不十分笨。”

我们继续散步。弗朗茨·卡夫卡向我介绍了他父母的店铺和房子。

“这么说他们很富。”我说。

弗朗茨·卡夫卡抿了抿嘴。“什么是财富？对于甲，一件旧衬衫就是一笔财富，而乙有一千万元还是贫穷的。财富是完全相对的东西，不能使人满足的东西。从根本上说，只有一种特殊情况。财富意味着对占有物的依附，人们不得不通过新的占有物、通过新的依附关系来保护他的占有物不致丧失。这只是一种物化的不安全感。但是，这是属于我父母的，不属于我。”

我和弗朗茨·卡夫卡的第一次散步是这样结束的：我们漫步回到金斯基宫[2]时，从悬挂着“赫尔曼·卡夫卡商行”招牌的店铺里走出一位高大魁梧的男子，他穿着深色大衣，戴着漂亮的帽子。他在离我们五步远的地方停住了，等着我们。我们走近了三

1 奥托·皮克（1887—1940），日报《布拉格新闻》编辑，以翻译捷克语作品而闻名。——雅诺施

2 位于布拉格老城广场的一座宫殿，建于1755—1765年，如今是一座艺术博物馆。

步，那男子高声说道："弗朗茨，回家。空气很潮湿。"

卡夫卡压低声音对我说："我的父亲。他总为我担忧，常常露出一副暴力的面孔。再见，有空来我家坐坐。"

我点了点头。卡夫卡没有跟我握手就走了[1]。

几天以后，我按照事先的约定，下午五点钟时在卡夫卡博士父母的店铺前等他。我们原打算到城堡区[2]散步，可是卡夫卡博士身感不适，呼吸困难。于是我们只慢慢穿过老城广场，经过尼克拉斯教堂，拐进鲤鱼胡同，绕过市政厅来到小广场。在卡尔弗书店的橱窗前，我们停住了。

为了看清书脊上的书名，我的脑袋交替着向左右两边转动。卡夫卡开心地笑了，说："看来您也是个书迷，脑袋围着书转的。"

"是的，您说得不错。我想，没有书我不能生活。对我来说，书就是世界。"

卡夫卡博士皱了皱眉。"这是个错误。书代替不了世界。这是不可能的。在生活中，一切都有它存在的意义，都有它的任务，这任务不可能完全由别的什么东西来完成。比如说，一个人不可能由替补者代他体验生活。认识世界也好，读书也好，都同于此理。人们企图把生活关到书里，就像把鸣禽关进鸟笼一样，

1 当时，卡夫卡父亲的店在老城广场的金斯基宫内；卡夫卡和父母住在巴黎街与老城广场交叉口的一座房子里。——雅诺施

2 以布拉格城堡为中心的一片城区，位于伏尔塔瓦河西岸，而金斯基宫在河东岸。

但这是做不到的。事情正好相反，人用书籍的抽象概念只不过为自己建造了一个牢笼。哲学家只是带着各种不同鸟笼的、穿得光怪陆离的鹦鹉学舌者。”

他大笑起来，结果使他沉浊地大咳了一阵。咳嗽停息后，他微笑着说：“我说的是真话。您刚才听见了，也看到了。别人打两下喷嚏的事，我就得用我的肺来证实。”这话让我产生一种不舒适的感觉。为了消除这种感觉，我问他：“您是不是着凉了？您是不是发烧了？”

卡夫卡博士疲惫地微微一笑。“不……我永远得不到足够的温暖，所以我燃烧——因冷而烧成灰烬。”

他用手绢擦去额上的汗。他薄薄的嘴唇紧紧地闭着，两边嘴角深陷，脸色蜡黄。

他向我伸过手来。“再见。”

我说不出一句话。

我到办公室看弗朗茨·卡夫卡时，他刚从邮局收到他的小说《在流刑营》的样书。

卡夫卡打开灰色的邮包，不知道里面装的是什么。当他看见黑绿色封面的书，认出是他的小说时，他显得很窘迫。他打开桌子的抽屉，看了看我又把抽屉关上，把书递给我。

“您肯定想看看这本书。”

我对他微微一笑，打开书，大致看了一下文字与纸张，就把书还给了他，因为我感觉到他的神情非常烦躁不安。

“装帧很漂亮，”我说，“不愧是德鲁古林出版社[1]出品的。您可以感到满意，博士先生。”

“可我真的不满意。”弗朗茨·卡夫卡说，顺手把书放进抽屉锁上，“每次出版拙著都让我感到不安。”

“那您为什么让人出版？”

“就是啊！马克斯·布罗德、费利克斯·韦尔施[2]，我的这些朋友总能搞到我写的什么东西，然后就拿来谈妥的出版社合同对我突然袭击。我不愿给他们制造麻烦，所以这些完全是私人记录的东西，或者写着玩的东西最终都出版了。我的人生弱点的个人见证材料都印成书出售，因为我的朋友，以马克斯·布罗德为首，一定要把我的东西变成文学作品，而我又没有力量销毁这些孤独的见证材料。”

稍停片刻，他改变语调说：“我刚才的话当然不免夸张，也是对我的朋友们的小小不敬。其实我自己也已经堕落，不知羞耻，亲自参与出版这些东西。为了原谅自己的软弱，我把周围世界写得比实际的强大。这当然是欺骗，我是法学家，因此，我不能摆脱恶。”

卡夫卡博士疲惫地坐在办公桌后面，脸色发青，双手无力地下垂，头向一边微侧。我看他身体不好，就想说声对不起退出房

1 当时位于莱比锡的一家顶尖出版社。

2 费利克斯·韦尔施（Felix Weltsch，1884—1964），哲学家和政论家，是布拉格犹太复国主义周报《自卫》的主编。——雅诺施

间，可是他叫住了我。

“请您留下。您来我很高兴，给我讲点什么吧。”

我明白，他想以此摆脱沮丧的心绪。于是我马上开始讲起来，给他讲许多我听来的或亲身经历的小故事。我给他讲我和我父母所住的郊区街道上三教九流的故事，让肥胖的店主、房东、我的几个同学在他身旁行进而过，给他讲古老的卡林区的伏尔塔瓦河[1]码头以及各个少年团伙之间激烈的斗殴，他们打架时互相投掷地上到处都是的马粪——真是可怕的炮弹。

“呸！”卡夫卡博士呸了一声。他是个很爱干净的人，在办公室里也常常要洗手的。他做了个怪脸，像小精灵的假面具，既含有厌恶，又流露出快乐。沮丧的心绪消失了，我现在可以谈展览会、音乐会以及我一天到晚不离手的书了。我啃了那么多书，卡夫卡博士一再地感到惊讶。

“您真是个了不起的废纸存放处！您晚上做什么？睡觉怎么样？”

“我睡得又死又稳，”我很自信地说，“我的良心到第二天早晨才叫醒我，而且非常有规律，好像我脑子里安装了闹钟似的。”

“梦呢，您也做梦吗？”

我耸了耸肩。“我不知道。我有时醒来后回想起一两个梦中的景象，但这些景象很快就消失了。我很少记住梦，就算记住也往往是一些乱七八糟的蠢事。比如前天。”

---

1 捷克西部河流，流经布拉格。

“您梦见什么了？”

“我梦见我来到一家大百货商场。我和一个不认识的人一起走过摆着自行车、农用车和火车头的大厅，我的同伴说：‘在这里我买不到想要的新帽子。’我尖刻地说：‘您买新帽子干吗？您最好还是买一张新的、更加可爱一点的脸吧。’我本想气他，可是他仍然很平静。‘这话不错，’他说，‘那我们还得往上走，到别的售货部去。’他立刻向一座很宽的旋转楼梯跑去。不一会儿，我们来到一个亮着蓝绿色灯光的大厅里，里面像大成衣店那样，在无数的衣架上挂着各种各样的大衣、上衣、女式套装、男式西服，衣服里套着各式各样或高或矮或胖或瘦的无头躯体，四肢无力地下垂着。看到这一情景，我吃了一惊，低声对同伴说：‘这可全是无头尸体啊！’而同伴却大笑起来：‘无稽之谈！您对生意一窍不通。这不是尸体，而是新的待运的人。脑袋会给他们安上。’说着，他向前指了指光线稍暗的走廊。那里，两个戴眼镜的老护士抬着一副担架向一个高出地面的站台走去，站台上挂着牌子，上面写着‘裁缝铺——禁止入内’。两个护士迈着小步，小心地前行，因此我能看清她们抬的是什么。那是一名男子，支着身侧卧在担架上，像休息的白奴。他穿着黑色漆皮鞋、条纹裤、灰黑色燕尾服，我父亲在节日时通常也穿这种燕尾服。”

“担架上的人让您想起您的父亲？”

“不，我根本没有看见他的脸。他的头包着白纱布，埋在背心的开口处。他包得严严实实，像个重伤号，可是他似乎身体很好。他手里拿着一根细细的银柄黑手杖，卖弄似的在空中挥舞。

另一只手按着戴在包着纱布的头上、总向旁边滑的军帽，我哥哥几年前当奥地利炮兵时[1]，星期天就戴这种帽子。我记起这件事，而且正是这种回忆使我拐进走廊，我想搞清楚担架上的男子到底是谁，可是，两个护士和担架突然不见了，我站在一张有许多墨水污点的小写字台前，写字台后面坐着您的同事特雷默尔博士。然后，突然冒出两个穿长长的白色麻料大衣的男子，一左一右站在我身旁。可是我知道，他们是乔装成医院杂役的警察，大衣里带着军刀和手枪。”

卡夫卡博士叹了口气：“唉，他们让您害怕了吧，是不是？”

“是的，”我点点头承认，“我很害怕。对他们两个倒不太怕，怕的是特雷默尔博士。他嘲弄地对我笑笑，一边玩着一把闪着银光的小纸刀，一边呵斥我：‘您的脸不是您的。您不是您冒充的那个人。我们要好好修整一下。我们要把您偷来的脸皮从骨头上揭下来。’他说话时用小刀在空中做了几个切割的动作。我害怕起来，向四周找我的同伴，可他已经不见了。特雷默尔博士又嚷开了：‘您别费心了！您跑不了啦！’这话让我火冒三丈。我向他嚷道：‘您要干什么，您这坐办公室的贱坯！我父亲地位比您高。我不怕您的刀。’这几句话说中了，特雷默尔博士脸色铁青。他跳起来喊道：‘这是一把手术刀。我叫您领教领教。带下去！’那两个乔装的警察一把抓住我。我想喊叫。一只长满黑毛的大手堵住了我的嘴。我一口咬住这只散发出汗臭的手。这时我醒了。我

1 第一次世界大战前，捷克属奥匈帝国。

血液上涌，满头大汗。这是我做过的最大的噩梦。”

卡夫卡用右手背擦了擦下巴。“这我相信您。”他俯身到桌面上，慢慢地把手指交叉到一起，“普通人的世界是地狱，臭气熏天的粪坑，臭虫窝。”他呆呆地看了我几分钟。我急于知道他要对我说什么，可是他却用平淡的语调说：“您现在要去您父亲那里，是吧？可我还要工作。”他微笑着和我握手告别，“工作就是把渴望从梦中解脱出来，梦常常使人眼花缭乱，把人奉承得美不可言。”

弗朗茨·卡夫卡让青年人着迷。他的短篇小说《司炉》[1]充满了温厚和感激之情。我们在谈论登载在文学刊物《骨干》上、由米莱娜·耶森斯卡译的捷克文译文[2]时，我对他说了上面这些话。

“这篇小说充满阳光，情调开朗，里面充满爱，虽然根本没有谈到爱。”

“爱不在小说里，而在叙述的对象里，在青年身上，”卡夫卡严肃地说，“青年充满阳光和爱。青年是幸福的，因为他们能看到美。这种能力一旦失去，毫无慰藉的老年就开始了，衰落和不幸就开始了。”

“难道老年就排除任何幸福的可能吗？”

1《司炉》为卡夫卡长篇小说《美国》第一章。

2 米莱娜·耶森斯卡（Milena Jesenská，1895—1944）是一位将卡夫卡小说译成捷克文的译者。关于她和卡夫卡的关系，参见《弗朗茨·卡夫卡致米莱娜书信集》，法兰克福费舍尔出版社，1952 年。——雅诺施

“不，幸福排除老年，”他微笑着向前低下头，仿佛他要把头藏到高耸的肩膀之间似的，“谁保持发现美的能力，谁就不会变老。”

他的微笑、姿势和声音表明，他以前是个安静快乐的男孩子。

“那么，在《司炉》里您很年轻，很幸福。”我这句话还没有说完，他的脸就阴沉起来了。

“《司炉》很好。”我赶紧说。但是，弗朗茨·卡夫卡的深灰色大眼睛已经充满了哀伤。

“我们最好谈遥远的事情，遥远的事看得最清楚。《司炉》是梦呓，是对也许永远不会成为现实的什么东西的回忆。卡尔·罗斯曼[1]不是犹太人。我们犹太人生下来就是老人。”

另外一次，当我给卡夫卡博士讲述一件青年罪案时，我们又谈起了《司炉》这篇小说。

我问他，十六岁的卡尔·罗斯曼这个形象是不是按某个模特塑造的。

弗朗茨·卡夫卡回答：“我有很多模特，我又没有模特。不过这些都已成为过去了。”

“年轻的罗斯曼和司炉这两个形象都那么栩栩如生。”我说。

卡夫卡的脸又阴沉下来。“这只是副产品，我不描绘人，我只讲故事。这是图像，只是图像而已。”

---

1 卡尔·罗斯曼，《司炉》中的人物。

“那么肯定有模型。图像的前提是观看。”

卡夫卡微微一笑。“人们拍照，是为了把那些事从意识中赶出去。我的故事就类似于让人闭上眼睛。”

讨论他的书总是非常简短。

“我读了《判决》。”

“您喜欢吗？”

“喜欢？写得太可怕了。”

“您说得对。”

“我想知道，您怎么会写这样一部作品。‘献给 F.[1]’的题词肯定不只是形式。您肯定想用这本书告诉某个人什么事。我很想了解这种关联。”

卡夫卡窘迫地笑了笑。

“对不起，我太唐突了。”

“您无须道歉。一个人读书就是为了提问。《判决》是夜的幽灵。”

“为什么？”

“它是个幽灵。”他又说了一遍，眼睛直视远方。

“可是您却写下来了。”

“我只是把它固定下来，因而完成了对幽灵的抵御。”

1 F. 为菲丽丝·鲍尔（Felice Bauer，1887—1960），弗朗茨·卡夫卡曾两次（1914 年和 1917 年）与她订婚。题词背景参见《弗朗茨·卡夫卡致菲丽丝书信及订婚期的其他书信》，法兰克福费舍尔出版社，1967 年。——雅诺施我在爱尔波根[1]结识的朋友、来自法尔肯瑙[2]附近的阿尔特萨特村的阿尔弗雷德·肯普夫非常赞赏卡夫卡的小说《变形记》。他把作者称为“一个新的、更深刻的，因而更可贵的埃德加·爱伦·坡”。有一次，我们在老城广场上散步时，我向弗朗茨·卡夫卡讲起他的这位新的崇拜者，我的话既没有引起他的兴趣，也没有得到他的理解。相反，卡夫卡的表情告诉我，谈论他的书让他感到不快，但我充满探奇猎胜之心，就顾不及审慎克制了。

“小说的主人公叫萨姆沙[3]，”我说，“这听起来像卡夫卡的隐喻。两个名字都是五个字母。萨姆沙中 S 的位置与卡夫卡中的 K 相同。字母 A……”

卡夫卡打断我的话：“这不是隐喻。萨姆沙不完全是卡夫卡。《变形记》不是自白，虽然它在一定程度上是一种披露。”

“这我不明白。”

“难道谈论自己家里的臭虫是体面的、明智的？”

“这在体面人家当然不常见。”

“您看，我不体面到什么程度？”

卡夫卡笑了。他不想再谈这个话题了。我却还想谈下去。

“我以为，在这里评价‘体面’或‘不体面’不合适。《变形记》是一个可怕的梦，一种可怕的想象。”

卡夫卡停住了脚步。“梦揭开了现实，而想象隐蔽在现实后

---

1 又称洛克特，捷克西部城镇，以建造于 12 世纪的哥特式城堡洛克特城堡而闻名。

2 捷克西部城市，1945 年起捷克语名为索科洛夫。

3 萨姆沙德文为 Samsa，卡夫卡德文为 Kafka。

面。这是生活的可怕之处——艺术的震撼人心之处。现在我可要回家去了。”

他简短地向我告别。我把他赶走了？我感到惭愧。

我们有两周没有见面了。我告诉他我在这期间啃了哪些书。卡夫卡笑着说：“我们比较容易从生活中提炼出许多书，而从书里则提炼不出多少生活。”

“所以可以说，文学是一种很坏的储存手段。”

他笑了，点点头。

弗朗茨·卡夫卡和我常常一起开怀大笑，倘若可以把这种笑叫作大笑的话。我没有记住声音，只记得他用以表达他的愉快的姿态。按照笑的刺激的强弱，他把头或快或慢地向后仰，稍稍张开宽大的嘴巴，把眼睛眯成一条细缝，好像他的脸对着阳光似的。有时，他把手放到桌面上，耸起肩膀，向里抿紧下唇，缩起身体，闭上眼睛，好像洗澡时有人突然向他泼冷水似的。

有一次我看见他这种姿态，给他讲了我不知在什么地方读到的中国小故事：“心脏是一座有两间卧室的房子。一间住着痛苦，另一间住着欢乐。人不能笑得太响，否则笑声会吵醒隔壁房间的痛苦。”

“那么欢乐呢？高声诉苦是否也会吵醒欢乐？”

“不会。欢乐耳朵不好。它听不见隔壁房间的痛苦。”

卡夫卡点点头。“这话很对，因此，人们常常做出高兴的样子。人们在耳朵里塞进欢乐的蜡球。比如我。我假装欢乐，躲到欢乐的后面。我的笑是一堵水泥墙。”

“防御谁？”

“当然防御我自己。”

“可墙是朝向外界的，”我说，“它是朝外的抵御。”

但是卡夫卡立刻非常坚定地驳斥这种看法：“事情就是这样！每种抵御都是后退，都是躲藏，因此，把握世界总是意味着把握自己。每一堵水泥墙都只是一种假象，迟早要坍塌的。内与外属于一体。它们互相分开时是一个秘密的两种令人迷惘的外貌，这个秘密我们只能忍受，而无法解开。”

10 月，一个阴雨绵绵的潮湿日子。工伤保险公司的走廊里亮着灯。卡夫卡博士的办公室像一个幽暗的洞穴。他躬着身子坐在办公桌前面。桌子上摊着一张八开灰白色办公纸。他手里拿着一支长长的黄铅笔。我走近卡夫卡博士时，他把铅笔放到纸上，纸上草草画着几个古怪的人物。

“您在画画？”

卡夫卡歉意地微微一笑。“不，随便乱涂而已。”

“我可以看看吗？您知道，我对绘画很感兴趣。”

“这可不是可以让人看的画。这完全是我个人的、别人无法辨认的象形文字。”

说着，他就拿起那张纸，用两只手把它揉成一团，扔到办公桌旁边的废纸篓里。

“我画的人空间比例不对。他们没有自己的视野。我试图画下这些人物的轮廓，但他们的透视点是在纸的前面，在铅笔未削尖的那一头上——在我心里！”他伸手到废纸篓里拿出他刚扔进去的纸团，把它展开，撕成碎片，又使劲扔进废纸篓。他画画时我出其不意地进去的情形有过好几次，每次，他都把他称为胡乱涂画的东西揉成一团扔进废纸篓，或者迅速放进办公桌中间那个抽屉。对他来说，他的画完全是私人的事，比他写的文章更秘密，更不能外传。这自然使我的好奇心越来越大，而在弗朗茨·卡夫卡面前我不得不有意遮掩。我做出我根本没有看见他匆忙推开图画的样子，但是，这种掩饰总造成一点压抑的紧张气氛，不管是听他讲话，还是我说话，我总不能像以往那样自在，那时，我便竭力去想他并没有对我隐瞒什么。

这种变化没有逃过卡夫卡博士的眼睛，他看见了我神情郁闷，因此，当我有一天在他作画时走进他办公室，他把画页推到我面前，避开我的目光说：“您看我涂画的东西好了。继续唤起您心中得不到满足的好奇心，从而迫使您掩饰，这没有意思。请您别生我的气。”

我无言以对。我觉得像做什么坏事被人当场抓住一样。起先，我很想把画从桌子上推回去，但我控制住了自己，转过头，从侧面看着那张纸，纸上画着许多寥寥几笔勾画出动作的很小的速写，那些小人或跑动，或击剑，或在地上爬行，或蹲在地上。

我很失望。“这有什么啊！您真的用不着在我面前把它们藏起来，都是些无关紧要的画嘛。”

卡夫卡慢慢地摇了摇头。“不，它们并不像看起来那样无关紧要。这些画是一种久远的、深深地扎根于心中的热情的痕迹，因此我企图把它们掩藏起来。”

我又看了一遍画着小人的画纸。“我不懂您的话，博士先生。热情表现在哪里？”

卡夫卡宽厚地微微一笑。“这热情当然不在纸上。纸上画的只是痕迹。热情在我心里。我以前一直渴望会画画。我希望观察，把观察到的东西画下来。这是我的热情。”

“您过去学过画画？”

“不。我只是力图用某种非常特殊的方式把观察到的事物固定下来。我的画不是绘画，而只是一种个人的符号文字。”卡夫卡会心地一笑，“我还一直被囚在埃及。我还没有跨过红海。[1]”

我笑了笑说：“过了红海，首先见到的是沙漠。”

卡夫卡点点头说：“是的，《圣经》里是这么写的，而且生活里就是如此。”他用手顶住桌子边缘，把身体靠回到椅子上，舒展着身子，神情急切地看着天花板。

“虚假的、通过外部措施去争取的假自由是一个错误，是混乱，是除了害怕和绝望的苦草外什么都不长的荒漠。这是自然的事，因为凡是具有真正的、耐久的价值的东西，都是来自内心的礼物。人不是从下往上生长，而是从里向外生长。这是一切生命自由的根本条件。这个条件不是人为地制造出来的社会气候，而

1《圣经》故事，以色列人在埃及为奴，上帝选召摩西带领同胞出离埃及，跨过红海，来到西奈，摆脱奴隶生活。见《圣经·旧约·出埃及记》。

是不断地通过斗争去争取的对自己和对世界的一种态度。有了这个条件，人就能自由。”

“一个条件？”我疑惑地问。

“是的。”卡夫卡点点头，重复了一遍他的定义。

“这可真是个怪论！”我脱口喊道。

卡夫卡深深吸了一口气，接着说道：“实际情况就是这样。构成我们有意识的生活的火花一定要跨越矛盾的鸿沟，从一极跳向另一极，以便我们在闪电的火光中看见世界片刻。”

我沉默了片刻，然后用手指了指画着画的纸，轻声问道：“那么这些小人，他们在哪里？”

“他们从黑暗中来，又在黑暗中消失。”卡夫卡说。他把画满图画的纸放进桌子抽屉，用听起来很随便的声调说道：“我的乱涂乱画是原始魔力的不断重复而不断失败的尝试。”我不知所云地看着他。其时，我肯定做了一个叫人好笑的怪脸，因为卡夫卡的嘴角抽搐了几下。显然他在克制自己，不让自己笑出来。他抬起手挡住嘴巴，轻轻咳了几声，说：“人类世界的一切东西都是被赋予生命的图画。因纽特人在他们要烧掉的木头上画上几条表示水浪的线条。这是具有魔力的火之画，他们不断用火石摩擦，唤醒它的生命之火。我在做同样的事情。我要通过我的画了结我所看见的那些人物。不过我画的人物形象不会着火。也许我用的材料不对。也许我的铅笔性质不对头。也许是我自己不具备必要的性质，只是我一个人不具备必要的性质。”

“这是可能的。”我附和他的看法，力图露出嘲弄的微笑，

“况且您到底不是因纽特人，博士先生。”

“这自然不错，我不是因纽特人，但我和大多数人一样，生活在一个奇冷无比的世界，而我们既没有因纽特人的生活基础，也没有他们的裘皮大衣和其他为生存而必备的辅助手段。和他们相比，我们大家都是赤身裸体的。”他撮起嘴唇，“今天穿得最暖和的只有那些穿着羊皮的狼。他们日子过得很好。他们穿的衣服正合适。您说呢？”

我说：“谢谢您这番话。我宁可挨冻。”

“我也是，”卡夫卡博士大声说，用手指了指暖气片，上面一只椭圆形铁碗里的水冒着蒸汽，“我们既不要自己的裘皮大衣，也不要借来的。我们宁可保留我们舒适的冰雪荒漠。”我们两人都笑了：卡夫卡博士为掩盖我的不懂而笑，我笑，则是为了接受他的不言而喻的好意。

我激动地来到卡夫卡博士的办公室里。

“发生了什么事？您的脸色那么苍白。”

“一会儿就好了，”我费力地挤出几句话，力图露出笑意，“有人给我乱扣帽子。”

“这不是什么不寻常的事。”卡夫卡博士断然地说，嘴唇微微噘起，“这是人类交往中古老的错误。常新的是由这个错误造成的痛苦。”他从桌上拿起一件卷宗，对我说：“您在这里安静地坐一会儿。我到隔壁办件事。我很快就回来。要不要我把门锁上，不让人进来打搅您？”

“不用，谢谢。我一会儿就会好的。”

卡夫卡离开房间。我向后靠到椅背上。

我当时患一种头痛病，不定期地发作，因而无法预见间隔时间多长，痛起来很厉害，病因是脸部神经——三叉神经——过分敏感。不到一个钟头以前，在我来工伤保险公司的路上，这种头痛病又发作了一次。我不得不在火车站附近佛罗伦萨广场上靠到广告牌上，耐心地忍受疼痛。病痛的高峰是冒虚汗，外加一阵呕吐。呕吐过后，病情就开始减轻。我一分钟一分钟地好起来，但我还一动不动地站在广告牌旁边，两条腿在发抖。

从我身边走过的人厌恶地看着我，我觉得他们充满了蔑视。一个上了点年纪的女人对陪伴她的年轻一些的女人说：“你看那个人！年纪轻轻的就像老酒鬼那样烂醉如泥。简直是猪猡！以后能有什么出息？”

我想向那女人说明我的情况，可是我说不出一句话。我的喉咙像被绳子绑住了似的。我还没有振作起来，两个女人就转过下一个街角不见了，于是我慢慢向工伤保险公司走去。我走上楼梯时，两腿还发软，但卡夫卡的声音像补药那样给了我力量，而且屋里这么安静，没有一点声响刺激，所以过了几分钟，这次发作的最后一点痕迹就消失了。

卡夫卡博士回到屋里时，我向他讲了在佛罗伦萨广场发生的事情。讲到结尾时我说：“这个女人，我真该把她顶回去，骂她一通，可我一句话没有说！我是个可怜的软骨头。”

卡夫卡博士却摇了摇头。“您别这样做！您不知道，沉默包含了多少力量。咄咄逼人的进攻只是一种假象、一种诡计，人们常常用它在自己和世界面前遮掩弱点。真正持久的力量存在于忍受中。只有软骨头才急躁粗暴。他通常因此而丧失了人的尊严。”

卡夫卡打开办公桌的一个抽屉，拿出一本杂志，放到我面前。那是文学刊物《树干》德文版创刊第 4 年的第 21 期。

他对我说：“第 1 页上有四首诗。有一首特别令人感动。这首诗的标题是《谦恭》。”

诗是这样的：

我越长越矮，越长越小，
变成人间最矮小的人。
清晨我来到阳光下的草地，
伸手采撷最小的花朵，
脸颊贴近花朵轻声耳语：
我的孩子，你无衣无鞋，
托着晶莹闪亮的露珠一颗，
蓝天把手支撑在你的身上。
为了不让它的大厦
坍塌。[1]

我低声说：“这是诗。”

---

1 该诗为捷克诗人伊日 · 沃尔克（Jiří Wolker，1900—1924）所写，1920 年 9 月发表于《树干》创刊第 4 年第 21 期。——雅诺施

“对，”卡夫卡说，“这是诗——包着友谊与爱情的文学外衣的真理。我们每一个人，不管是蓬乱丛生的蓟草，还是挺拔优美的棕榈，都支撑着我们头顶的苍穹，免得这座大厦，我们世界的大厦坍塌。对许多事情，我们也许只有视而不见才能接近它们。您别去想今天在街上遇到的事情了，那女人搞错了。从一切迹象看，她不会区别印象和现实，这是一种缺陷。那女人是贫穷的，她的感情是错乱的，谁知道这个女人在细微末节的小事情上已经多少次碰得头破血流？”他抚摩了一下我像镇纸一样放在面前的刊物上的手，笑着说：“从印象到认识的道路常常是非常艰难遥远的，而许多人只不过是软弱的漫游者。倘若他们像撞在墙上那样，在我们身上撞了个趔趄，我们只能原谅他们。”

有一个熟人曾向我借过几次小笔的钱，当我不再能借给他钱时，他给我写了一封粗暴的、充满污言秽语的信。自高自大的猴子、公牛[1]、白痴，这是几顶最小的帽子。

我把信给卡夫卡博士看，他好像拿一件危险品那样，用指尖把它放到最远的桌边上。

他说：“咒骂是可怕的东西。对我来说，这封信就像一处冒着烟、发出刺鼻气味、让人眼睛难受的火灾现场。每一句骂人的话都是对人类最大的发明——语言的破坏。谁骂人，谁就在辱骂灵魂。咒骂就是谋杀仁慈，但一个不会正确地斟酌字句的人也会

1 意为笨蛋。

做出这种谋杀行为，因为说话就是斟酌并明确地加以区分。话语是生与死之间的抉择。”

我问：“我是否让律师给那个人写封信？您看如何？”

卡夫卡使劲儿摇摇头。“不！那有什么用？他反正不会考虑这种警告的。即使他会这样做，您也别理他。他信里的公牛迟早会向他猛烈攻击的。一个人逃脱不了他放到世界上来的妖魔。坏事总是从哪里来回哪里去。”

有一次，我走进弗朗茨·卡夫卡办公室时，他正在看雷克拉姆出版社[1]的书目。

“我醉心于书名，”卡夫卡说，“书籍是一种麻醉剂。”

我打开我的公文包，让他看里头装的东西。“那么我是吸大麻的人，博士先生。”

卡夫卡很惊讶：“全都是些新书！”

我把书全倒在他的办公桌上，卡夫卡一本接一本地拿起来翻看，不时地读一小段，然后把书递给我。

他把书全看了一遍后问我：“这些书您全都要读？”

我点点头。

卡夫卡抿了抿嘴唇。“您何苦读这种昙花一现的东西？大多数现代书籍只不过是对今天的闪烁耀眼的反映。这点光芒很快就会熄灭。您应该多读古书。古典文学，歌德。古的东西把它最内

1 德国一家著名出版社，成立于 1828 年。

在的价值表露到了外面——持久性。时新的东西都是短暂的，今天是美好的，明天就显得可笑。这就是文学的道路。”

“那么创作呢？”

“创作改变生活，有时候比这更糟。”

敲门声。我父亲走进办公室。“我的儿子又在打搅您了。”卡夫卡笑了，说：“哪里！我们在谈论妖魔鬼怪。”

现在回忆起来，我不得不承认，我当时在和卡夫卡的交往中一点儿也不照顾和体谅他：我常常不通报，只要时间对我合适，就闯进他的办公室，但他总是微笑着，伸出手欢迎我。我每次都问：“我是不是打搅您了？”他却总是摇摇头，或者打个手势，表示不碍事。

只有一次他对我这样解释：“有人突然来访时产生被打扰的感觉，这是表示虚弱的可靠信号，是遇到意外事情时的逃遁。人们爬回到所谓的个人小天地里，因为他们缺乏对付世界的力量。人们逃避奇迹而去约束自我。这是撤退。生活就是与其他事物共处，是对话。人们不能逃避这种对话。您随时可以来找我，什么时候来都行。”

卡夫卡注意到了我睡眠不足。我如实地告诉他，我文思喷涌，一直写到天亮。

卡夫卡把他那双木雕似的大手放到桌面上，慢条斯理地说：“您能这样顺利地把内心的冲动表现出来，这是很大的幸福。”

“简直像醉了一样。我还没有看看我都写了什么。”

“当然，我明白。写下来的文字只不过是经历的渣滓。”

我的朋友恩斯特·雷德勒[1]用浅蓝墨水在手工制作的装饰美观的纸上写诗。我给卡夫卡讲了这件事。

卡夫卡说：“这是对的。每个魔术师都有自己的仪式。比如说，海顿[2]只有戴着撒有扑粉的假发时才作曲。写作也是一种召魔法术。”

阿尔弗雷德·肯普夫送给我一本雷克拉姆出版社出版的《埃德加·爱伦·坡中短篇小说集》。这是三本小说集的合订本。我把这本近几个星期以来随身携带的小书给卡夫卡博士看。他翻了翻书，看了看目录，然后问道：“您知道他的生平吗？”

“我只知道肯普夫告诉我的那一点，据说爱伦·坡是个名声很坏的酒鬼。”

卡夫卡皱起了眉头。“坡有病，是个穷人，面对世界无力自卫，因此他借酒逃遁。对他来说，想象只是一根拐杖。他写了许多阴森可怕的故事，目的在于熟悉世界，适应世界，这是完全自然的事情。在想象中不像在现实中有那么多狼窝。”

“您深入地研究过坡？”

---

1 恩斯特·雷德勒（Ernst Lederer，1904—？），写作抒情诗，某些诗作曾在《青年犹大》上发表。——雅诺施

2 海顿（Franz Joseph Haydn，1732—1809），奥地利作曲家。

“没有。其实他写的东西我读得很少，但是我了解他的逃遁之路，熟悉他的梦幻。大家写的总是一样的东西。比方说这本书吧，我们也能看到这一点。”

卡夫卡说着打开办公桌中间的抽屉，拿出一本灰蓝色布封面的书递给我：罗伯特·路易斯·斯蒂文森的《金银岛》[1]。

“斯蒂文森患有肺病，”在我匆匆浏览扉页和目录时，卡夫卡对我说，“于是他迁到南太平洋。他住在那里的一个岛上，然而他看不见岛上的东西。他生活的世界对他来说只是幼稚的海盗梦的舞台，想象的跳板。”

我把书放到桌子上，冲着书点了一下头说：“我浏览了一下，我的初步印象是，他也描写南太平洋的大海、人和热带植物。”

“对，而且很深入详细。”

“那么说，他的书里也反映了一点现实。”

“当然，”卡夫卡接着说，“梦里总有许多未加工的白天的经验。”

我小心地说：“人们也许正好在梦里力图摆脱对经验的罪责感。您说是吧？”

“是的，就是这样，”卡夫卡点头说，“现在是塑造世界和人的最强大的力量，它到处起作用。正因为如此，它有现实力量，谁也不能逃脱它。梦只是一条弯道，人们最后总是回到离他最近的经验世界。斯蒂文森回到他的南太平洋岛屿，我则……”他停

1 罗伯特·路易斯·斯蒂文森（Robert Louis Stevenson，1850—1894），英国小说家，除《金银岛》外，主要作品还有《新天方夜谭》《化身博士》等。

住了。

“您则回到这里的办公室和老城广场的家里。”我说出他没有说完的话。

“您说得不错。”卡夫卡轻声说。

这时，卡夫卡脸上突然露出忧虑的神情，我不禁喃喃地表示道歉：“请原谅我的放肆，博士先生。我太莽撞了。这是我的弱点。”

“相反，”卡夫卡说，“这是一种力量。在您身上，印象比别人更快地凝聚成语言。我无须原谅您什么。”

我反驳道：“不，我应该请您原谅。我很不礼貌。”

卡夫卡把左臂抬到肩膀的高度，又无力地垂下，脸上露出迷人的笑意。“这完全是正常的。您还不属于世界。您还不是僵化的风俗习惯这个世界的成员，因此，您的语言——倘若我们回到斯蒂文森的南太平洋岛屿——还是一把锋利的、尚未磨损的丛林砍刀。您要注意别砍歪了，别砍断自己的手脚。除了谋杀，这是对生命最可怕的犯罪。”

和我一起夏天在游泳学校学游泳、冬天在溜冰场溜冰的小伙子中有一个名叫莱奥·魏斯柯普夫的。他戴着眼镜，淡黄色的头发，细长的个子，脸圆圆的红红的，像个女孩子。他父亲在彼得广场有一个办事处，从事化工产品的批发，因此可以说，莱奥·魏斯柯普夫属于“中上”资产阶级。他总是穿得潇洒得体，但并不给人浮华的印象。他的举止也和衣着一样，他在谈话时总是很克制，彬彬有礼。他从不败坏大家的谈兴或游兴，但在他身边，我们从来没有温暖亲切的感觉。他在场好像就有一个消音器在起作用，因此，我的朋友恩斯特·雷德勒称这个比我们小几岁的莱奥·魏斯柯普夫是个胆小怕事的人。他说："他那么随和亲切，是为了躲避我们。他在我们面前把自己包起来。"

"他干吗要这样做？"我问。

我的朋友耸耸肩说："这我不知道，我只是这么感觉。"

"就因为你不喜欢他吧，"我说，"别的还有什么？"

"是这样，"恩斯特·雷德勒承认，"我的反感纯属感情。莱奥·魏斯柯普夫和我们不一样。在他和我们之间存在着某些琢磨不透的东西，他也许有什么嗜好。他也许染上了什么隐秘的恶习。"

我讥讽地说："也许你是个傻瓜。"

我的朋友本来很容易发火，这次却非常平静："我们两人总有一个是傻瓜，不是他就是我，以后会清楚的。"

我们关于莱奥·魏斯柯普夫的谈话到此就结束了。

两天以后，我们听说——我已记不得是怎么听说的，是听谁说的——莱奥·魏斯柯普夫死了。是自杀，服了氰化钾。有人说，他爱上了一个比他大得多的已婚女人。这是否真的是他自杀的唯一动机，我们没有听说。雷德勒表示怀疑。

我把这个故事讲给弗朗茨·卡夫卡博士听。他闭着眼睛听我讲。我讲完后，他沉默了一两分钟，然后睁开眼睛，看着天花板对我说："这是一件琢磨不透的事情。人只有在爱情中和临死时才意识到自己。也许你的熟人所爱的女人让他大失所望。也许她只把他当作一时的玩具。也许他认为，得不到他热爱的女人，他的生活就失去了意义。也许他要以死向她表示敬重。也许在她离开他以后，他要向她表明，他现在对自己只剩下了支配权而没有所有权了。您懂我的话吗？”

“我懂。”我说。

卡夫卡继续说道：“一个人只能扔掉他确确实实占有的东西。我们可以把自杀看作过分到荒唐程度的利己主义，一种自以为有权动用上帝权力的利己主义，而实际上却根本谈不上任何权力，因为这里原本就没有力量。自杀者只是由于无能而自杀。他什么能力也没有了，他已经失去了一切，他现在去拿他占有的最后一点东西。要做到这一点，他不需要任何力量。只要绝望，放弃一切希望就足够了，这不是什么冒险。延续，献身于生活，表面上看似乎无忧无虑地一天一天过日子，这才是冒风险的勇敢行为。”

卡夫卡几次要求我，让他看几篇我的“不押韵的蹩脚货”——这是我对自己写的东西的称呼。于是，我在日记里找出合适的段落，凑成一本小小的散文集，取名为《深不可测的瞬间》，交给了卡夫卡。

几个月以后，当他准备去塔特兰斯克·玛特莱里疗养院疗养时，他才把手稿还给我。

他就此机会对我说：“您的作品非常清新。您谈得更多的是事情在您身上唤起的印象，而不是事件和事物本身。这是抒情诗。您在抚摩世界，而不是去把握世界。”

"那我写的东西没有一点价值?"

卡夫卡抓住我的手。"我没有这样说。这些小故事对您肯定具有某种价值。写下的每一个字都是个人的文献材料。不过艺术……"

"不过这还不是艺术。"我苦涩地补充道。

"这还不是艺术,"卡夫卡肯定地说,"这种印象和感情的表达不过是对世界的小心翼翼的摸索。眼睛还没有睡醒。但是这很快就会过去,摸索地伸出去的手也许会缩回来,仿佛它触到了火。您也许会大喊起来,结结巴巴地乱说一通,或者咬紧牙关,睁大眼睛。不过,这一切都只是言论罢了。艺术向来都是要投入整个身心的事情,因此,艺术归根结底是悲剧性的。"

按照事先的约定,我要到卡夫卡博士的办公室去看他。可在约定日期的前一天,我父亲给我带来一期柏林《行动》周刊[1],里面夹着一张卡夫卡博士的字条,他告诉我他下星期才到办公室去。我按这个时间到他那里时,相互问候以后,他马上就问我:"您能看清我的笔迹吗?"

"能看清,很好看。您的笔体非常流畅,像波纹线。"

卡夫卡在桌面上摊开手掌,脸上露出苦涩的表情说:"那是往地上降落的绳索的纹线。我的字母是绳圈。"

我想冲淡卡夫卡表现出来的沮丧情绪,就笑眯眯地说:"那

1 为政治、文学、艺术周刊。——雅诺施

是套索。”

卡夫卡无言地点点头。

我继续说俏皮话：“您要用套索抓什么？”

卡夫卡微微耸了耸肩回答：“我不知道。也许我要到达一片看不见的海岸，而我的弱点的洪流早已卷着我从旁经过。”

弗朗茨·卡夫卡给我看一张文学调查表，我想，这次调查是奥托·皮克为《布拉格新闻》的星期日文学副刊组织的。卡夫卡用食指指着“关于未来的文学活动，您有什么计划？”这个问题，微笑着说：“真荒谬，这个问题无法回答。”我不理解地看着他。

“人们能够预言心脏在下一段时间里会怎么跳动吗？不能，这是不可能的。我们的笔只是心脏振动仪上的石笔。就像地震，我们可以测量记录，但是无法预报。”

我走进卡夫卡博士的办公室。我进去时，他正要离开。

“您要走？”

“只出去一会儿，往上走两层到您父亲的科里去。请您坐下等我。我很快就回来。您也许可以看看这本新杂志。昨天才送来的。”

这是在柏林出版的一份有代表性的大型刊物的第一期。刊名叫《马尔叙阿斯》[1]。发行人是特奥多尔·塔格尔[2]。里面有图书预

1 马尔叙阿斯，希腊神话中狄奥尼索斯的伴随者之一，与阿波罗比赛吹笛子失败，被阿波罗绑在树上剥了皮。

2 特奥多尔·塔格尔（Theodore Tagger，1891—1958），1923 年在柏林创办文艺复兴剧院，1933 年流亡国外，1936 年移居美国，1951 年定居巴黎。——雅诺施

告，在计划出版的新书中有一本弗朗茨·韦尔弗的《理论文集》。

韦尔弗是卡夫卡的朋友，因此他回来后我就问他，他是否知道这件事。

“知道，”卡夫卡简短地说，“韦尔弗曾对马克斯说，这是发行人的杜撰。”

“他能这样做吗？这可是撒谎呀。”

“这是文学，”卡夫卡博士笑着说，“逃避现实。”

“那么说文学创作是谎言？”

“不。创作是浓缩，是精华。文学则是溶解，是减轻无意识的生活的享乐品，是麻醉剂。”

“创作呢？”

“创作恰恰相反。它唤醒人们。”

“那么创作倾向于宗教。”

“我不想这样说，但它肯定倾向于祈祷。”

有一次，我和卡夫卡博士一起上容曼广场的圣方济各教堂。我们一进门就看见一位老妇人在一幅幽暗的圣坛画像前虔诚热烈地祷告。我们离开教堂后，卡夫卡博士对我说：“祈祷和艺术是感情强烈的意志行为。人们要超越正常存在的各种表现意志的可能性，将它们加以升华。艺术就像祈祷一样，是一只伸向黑暗的手，它要把握住慈爱的东西，从而变成一只馈赠的手。祈祷就是跃入消逝与产生之间的改变一切的弧光中，完全融进弧光中，把它无法估量的光包容到自己的生存这个极易破碎的小摇篮里。”

卡夫卡博士对城市的各种各样的建筑物具有广博的知识，我对此常常感到十分惊奇。他不仅了解宫殿和教堂，连老城最不起眼的过道、楼房也熟悉。即使许多房子的标记已经不挂在门口，而挂在波日茨街的市立博物馆，他也知道它们古老的名字。卡夫卡博士能从老房子的墙上看出城市的历史。他带领我穿过狭窄的胡同，进入老布拉格那些房子狭小的、漏斗状的内院，他把这种院子称为接光盂。在老查理大桥附近，他带我穿过一条巴洛克式过道，一个四周围绕着文艺复兴风格拱廊的巴掌大的小院子，一条黑暗的、管状的地下通道，来到一家坐落在一个小院子里的小客栈，店名叫“观星客栈”，因为约翰内斯·开普勒曾在这里住过一段时间，并于1609年在这洞穴一样的黑暗阁楼里写成了他著名的、大大超越了当时科学成果的《新天文学》一书。

卡夫卡博士热爱他生于斯、长于斯的城市的古老的胡同、庭院、宫殿和教堂。我给他带到办公室的每一本介绍和研究布拉格古老事物的书，他都怀着极大的兴趣喜悦地翻看。他的眼睛珍爱地看着这些出版物，双手抚摩着书页，虽然在我把书放到他桌子上以前，他早就看过它们了。他像欣喜若狂的收藏家那样，眼睛里放射出喜悦的光芒，然而他又和收藏家完全不同。对他来说，古老的事物不是凝固成历史的、收藏家收集的对象，而是充满活力的认识工具，通往今天的桥梁。

这是我有一次和卡夫卡博士一起从工伤保险公司去老城广场的路上，在泰因霍夫斜对面的雅各布教堂停下谈话时得到的认识。

“您知道这个教堂吗？”卡夫卡问我。

“知道。不过很肤浅。我只知道这个教堂属于旁边的圣方济各修道院，就这么多。”

“教堂里有一条铁链，上面挂着一只手，您肯定看见过吧？”

“是的，看见过好几次呢。”

“要不要一起去看看这只手？”

“好的。”

我们走进教堂，教堂有三个殿堂，是布拉格最长的教堂之一。左侧一进门的地方，从天花板上垂下一条长长的铁链，链子上挂着一根熏黑的、残留着干枯的肌肉和筋的骨头，按它的形状，这根骨头可能是一个人的下臂的遗骨。听说是1400年或三十年战争[1]后不久从一个盗贼身上砍下来挂在这个教堂里作为“永久纪念”的。

据古老的编年史和不断更新的口头传说，这件可怕的事情的过程大致是这样的：

雅各布教堂两侧有许多小祭坛，其中一个祭坛上有一尊圣母玛利亚的木雕像，雕像上挂满了一串串金币和银币。一个退役的雇佣兵看到这笔财富眼馋手痒难熬，就藏到一间忏悔室里，等到教堂关了门，从藏身的地方出来，走到祭坛前面，登上教堂司事点祭坛蜡烛常用的凳子，伸出手，想摘下雕像上的金银首饰，但

1 1618—1648年在欧洲以德国为主要战场、延续三十年的国际性战争。一方为德意志新教诸侯和丹麦、瑞典、法国，另一方为神圣罗马帝国皇帝、德意志天主教诸侯和西班牙。战争以后者失败而告终。

他的手变僵硬了。这个第一次潜入教堂的窃贼以为雕像紧紧抓住了他的手，他使出全身力气，想把手抽回来，可是没有一点用。第二天早上，教堂司事发现他筋疲力尽地站在凳子上，就叫来了修道士。祭坛前很快聚集了一群祈祷的人，包括市长和布拉格老城的几个元老，而祭坛上的圣母像还一直紧紧抓住脸色苍白、惊恐万分的窃贼。教堂司事和修道士想方设法要把窃贼的手从雕像上拽下来，但没能成功。于是市长叫来刽子手，他只一刀就把窃贼的下臂砍断了。这时，“雕像也松了手”。下臂掉到了地上。人们包扎好窃贼的伤口，几天以后，他因企图盗窃教堂财物罪被判多年监禁，刑满后，他加入方济各会当杂役。人们把砍下的手绑到教堂里老城市议员绍勒·冯·绍伦巴赫墓碑旁的铁链上。在旁边的柱子上挂了一幅反映这次事件的简朴的图画，并有一段分别用拉丁文、德文和捷克文书写的说明性文字。

卡夫卡博士饶有兴味地看了一会儿干枯的手臂，扫了一眼描述这次奇迹的小木板，然后向出口走去。我跟着他。

到了外面，我说：“这太可怕了。圣母奇迹当然只是强直性痉挛。”

“但这种痉挛是怎样引起的呢？”卡夫卡问我。

我说：“也许是由于某种突然产生的内心顾虑。盗贼渴望得到圣母装饰，被这种欲望掩盖的宗教感情突然因他的盗窃行为惊醒了。他的宗教感情比他设想的要强烈得多，因而他的手僵硬了。”

“对！”卡夫卡点了点头，他的手挽住了我的胳膊，“对于神圣的东西的渴望、伴随而来的对亵渎圣物的羞怯以及人所具有的正义感，这一切是强大的、不可战胜的力量，一旦人违背这些东西，它们就在他身上顽强反抗。它们是道德上的调节力量，因此，一个人要在世界上进行某项犯罪行为，他总是先要压垮自己身上的这些力量。要犯罪，总是要先在心灵上肢解自己。那个要偷雕像上装饰品的盗贼未能做到这一点，因此他的手僵硬了。它是被他自己的正义感麻痹的。对他来说，刽子手的那一刀并不像您认为的那样可怕。相反，惊恐和痛苦给他带来的是解脱。灵魂的肢解被刽子手对他肉体上的伤害所取代。这样，这个连木偶也不能偷一次的可怜的退役雇佣兵就从良心的痉挛中解放了出来。他可以继续做人了。”

我们默默无言地继续往前走。走到泰因霍夫和老城广场之间的狭窄小胡同中间时，卡夫卡突然站住问我：“您在想什么？”

“我在想，雅各布教堂里发生的盗贼的故事今天是不是还可能发生？”我坦率地回答，探询地看着弗朗茨·卡夫卡。他只皱了皱眉。走了两三步后他说：“我想几乎不可能发生。今天，对上帝的思念和对罪孽的惧怕大大地淡薄了。我们陷在骄傲自大的泥淖中。战争就是证明，战争使大批大批的人失去人性，麻痹了人的道德力量，从而麻痹了人自身，使他多年不能清醒。我想，今天，盗窃教堂的人是不会强直性痉挛发作的。倘若发生这种情况，人们不会砍去盗贼的半只胳膊，而是截去他完全不合时宜的道德想象力，把他送进疯人院。在那里，人们会用分析的方法消除他表现为歇斯底里的痉挛症的过时的道德感情冲动。”

我冷笑了一声说："教堂盗贼会变成隐蔽的俄狄浦斯恐惧症或恐母症的牺牲品。他会想方设法盗窃圣母像。"

"当然！"卡夫卡点点头，"没有罪孽，没有对上帝的思念。一切都是世俗的、实用的。上帝在我们生命的彼岸，因此我们生活在良心普遍僵冻的状态中。表面上，一切超验的冲突都消失了，然而大家都像雅各布教堂里的木雕那样保卫自己。我们一动不动，我们只是站在这里，甚至都不是站着。大多数人是被恐惧这种污泥粘在廉价原则的东摇西晃的椅子上，这就是全部生活实际。就说我吧，我坐在办公室里，翻阅各种案卷资料，摆出庄重严肃的神态，企图以此掩盖我对整个工伤保险公司的反感，然后您来了。我们谈论各种各样的事，穿过熙熙攘攘的街道来到雅各布教堂，观看砍下的手臂，谈论时代的道德痉挛症；我走进我父母的商店，吃点东西，然后给几个到期不还的欠债人写客气的催债信，什么事都没有发生，世界井然有序。我们只是像教堂里的木雕那样僵硬呆板。不过没有祭坛。"他轻轻地碰了一下我的肩膀，"再见。"

我们——卡夫卡博士和我——穿过策尔特纳街走向老城广场。我们听见从远处传来大批人群的喧闹声和歌声；到了"白孔雀楼"，我们被一支拥过来的游行队伍挤到了墙根。

"这是国际歌的力量。"我笑笑说，可是卡夫卡的脸却阴沉了下来。

"您耳朵聋了？您没有听见他们唱什么？他们唱的都是旧奥

地利的民族主义歌曲。”

我反驳道：“那他们扛的红旗是什么意思？”

“这有什么！只不过是旧货色新包装。”弗朗茨·卡夫卡说。他一把抓住我的手，把我拉进我们身后的房子，穿过光线暗淡的院子和一条不长的过道，经过一道刷成白色的楼梯来到狭窄的格姆森胡同，从这里穿过艾森胡同来到宽阔的骑士大街，这里一点也听不见游行队伍的声音了。

“我受不了这类高声喧闹的街头骚乱。”卡夫卡舒了口气说，“这类骚乱里潜伏着新的、摆脱了上帝的宗教战争的恐怖，它们以旗帜、歌声和音乐开始，以抢劫和流血告终。”

我反对他的看法：“这不符合事实。布拉格现在几乎天天有游行，每次游行都很平静，很有秩序。只有在香肠作坊里的血肠里才有血。”

“在这里，事情只不过发展得慢一些而已。不过这不要紧。很快就会发生的。”

卡夫卡晃了几次抬起的手，以表示他的疑虑，接着说：“我们生活在一个恶的时代。现在没有一样东西是名实相符的，从这里可以看出这是个恶的时代。人们说的是‘国际主义’这个词，指的却是‘人性’，即道德价值，而‘国际主义’这个词表示的主要是个地理概念。概念像去了核仁的空胡桃壳那样被推过来推过去。比如现在，人的根早已从土地里拔了出去，人们却在谈论故乡。”

“谁这样做了？”

"我们大家都在这样做！拔根的事我们大家都参加了。"

"可是总得有一个人是推动力吧？"我固执地说，"这个人是谁？您想的是谁？"

"我谁也不想！既不想推动者，也不想被推动者。我只看发生的事件。人是完全次要的。而且——哪个批评家能正确地评价表演者的表演成果？因为他和表演者一起在舞台上。没有观察距离，因此一切都没有把握，一切都在摇摆。我们生活在一个正在下陷的谎言和幻想的泥淖里，那里降生了许多残酷的怪物，它们冲着记者的物镜友好地微笑，同时却已经像践踏讨厌的昆虫那样，从千百万人身上践踏过去，然而没有一个人注意到这一点。"

我不知道对此该说些什么。

我们默默地走过梅兰特里希街，经过旧市政厅大钟，朝老城广场和巴黎街交叉口卡夫卡博士家的房子走去。

我们来到胡斯纪念碑附近时，卡夫卡说："一切都挂着错误的旗帜航行，没有一个字名副其实。比如我现在回家，然而这只是表面上如此。实际上，我在走进一座专门为我建立的监狱，而这座监狱完全像一幢普通的民宅，除了我自己，没有人把它看成监狱，因而就更糟糕更残酷。任何越狱的企图都没有了。倘若不存在看得见的镣铐，人们也就无法打碎镣铐。监禁被组织得很好，完全像普通的、并不过分舒适的日常生活。一切似乎都是用坚固的材料造成的，似乎很稳固，而实际上却是一部电梯，人们在电梯里向深渊冲下去。我们看不见深渊，但只要闭上眼睛，我们就能听见深渊发出的嗡嗡声和呼啸声。"

给弗朗茨·卡夫卡看一份以《圣经》为题材的剧本提纲。

“您打算怎么办？”他问。

“我不知道。我喜欢这材料。可是至于加工……我现在觉得，要扩展并完成这个提纲就像裁剪工作。”

卡夫卡把手稿递还给我。“您说得对。只有出生的东西才有生命。别的一切都是空的：文学没有存在的权利。”

我给卡夫卡博士带去一本捷克文法国宗教诗歌选[1]。

卡夫卡翻了一会儿，然后小心地从桌面上把书推还给我。

“这类文学是精巧的奢侈品，我不喜欢。在这里，宗教被彻底地变成审美的东西。赋予生活以意义的手段变成了刺激手段，变成了像贵重的窗帘、图画、雕花家具、真正的波斯地毯那样摆阔气的装饰品。这类文学的宗教不过是附庸风雅而已。”

“您说得对。”我赞同他的看法，“由于战争，在信仰方面也有了代用品，就是这一类文学。诗人像用彩色流行领带那样用上帝的思想打扮自己。”

卡夫卡博士微微一笑，点了点头。“其实那只不过是一条普通的脖套。就像人们常常把超然存在当作逃遁一样。”

在我的那本《乡村医生》[2]黄色衬页第四页上写有这么一段文

1 该书是约瑟夫·弗洛里昂主编的不定期丛刊《新与旧》的一本。卡夫卡的《变形记》的第一篇捷克译文和第一幅卡夫卡木刻像也在该丛刊发表。——雅诺施

2 卡夫卡的短篇小说集。

字："文学力图给事情蒙上一层舒适的、令人高兴的光，而诗人却被迫把事情提高到真实、纯洁、永恒的领域。文学寻找舒适安逸，而诗人却是寻求幸福的人，这与舒适相去十万八千里。"

我现在记不得这段话记的是弗朗茨·卡夫卡的格言，还是我根据某次谈话所做的归纳。

我从恩斯特·雷德勒同学那里得到一本表现派诗选，书名为《人类的微光——新作交响曲》[1]。

我父亲常看我的读物。他看了这本书后对我说："这不是诗。这是语言肉饼。"

我反驳道："你太夸张了。新的诗要用新的语言。"

"这话是对的。"我父亲点点头，"每年春天都长新草，但这些草我们却无法消化。这是语言铁丝网。这本书我还要再看一遍。"

几天以后，我到工伤保险公司我父亲那里去，顺便先到三楼看卡夫卡博士。他问候以后，把表现派诗选放到我面前，用责备的口吻说："您为什么拿这本书让您父亲担惊受怕？您父亲是一位正直的、诚实的人，他有许多宝贵的经验，可是，拿合乎逻辑的语言手段的堕落玩弄戏耍，他是不懂的。"

"按您的看法，这是本坏书喽？"

"我没有这样说。"

"这本书是一盘骗人的语言凉拌菜？"

1 该书由库尔特·品图斯编选。1919 年柏林罗沃尔特出版社出版。——雅诺施

“不。相反，这本书是表示分离的非常真诚的见证。在这里，语言不再是黏合剂。每个作家都只为自己说话。看他们的样子，仿佛语言只属于他们。其实，语言只借给活着的人一段不确定的时间。我们只能使用它。实际上，它属于死者和未出生者。占有语言必须小心谨慎。这本书的作者们忘记了这一点。他们是语言的破坏者，这是很严重的罪过。伤害语言向来都是伤害感情，伤害头脑，掩盖世界，使之冷却冻结。”

“可是他们总是表现出热烈的感情之火！”

“只是用语言罢了。这不过类似于库式疗法[1]。”

“这是欺骗，”我火了，“那些人是自欺欺人。”

“那又怎么样？有什么奇特的地方吗？”——他的脸表现出同情、耐心和原谅的迷人表情，“人们以公正的名义做了多少不公正的事情？多少使人愚昧的事情在启蒙的旗帜下向前航行？没落多少次乔装成跃进？这些现在已经看得非常清楚了。战争不仅焚烧摧毁了世界，而且也照亮了世界。我们看见，这是由人自己建造的迷宫，冰冷的机器世界，这个世界的舒适和表面上的各得其所越来越剥夺了我们的权利和尊严。这一点，您在这本您父亲借给我的书里看得很清楚。诗人像冻僵的孩子那样呻吟哀诉，或者像疯狂的偶像崇拜者那样狂热地尖声怪叫，他们越不相信在其面前跳舞的偶像，就越加厉害地扭曲他们的语言和肢体。”

1 埃米尔·库（Émil Coué，1857—1926），法国药剂师和医师，创立了一种以自我暗示为基础的疗法，被称为库式疗法，在 20 世纪 20 年代曾获得广泛重视。——雅诺施我的朋友阿尔弗雷德·肯普夫从埃格尔河[1]畔的阿尔特萨特村来到布拉格，准备继续上大学，我陪他逛街道、宫殿、博物馆和教堂，让他熟悉我非常喜爱的城市。有一次散步时，阿尔弗雷德突然对我说："所有这些丰富多彩的哥特式和巴洛克式装饰实际上只有一个目的：用它们掩盖各种不同的事物的实用性，使人忘记功能性的东西，从而忘记自己与自然和世界的联系。不具目的的美使人产生一种自由的感情。装饰艺术是一种训练方法，文明开化的人用这种方法向自己身上的类人猿进攻。"阿尔弗雷德的话给我留下非常强烈的印象。我回家后把他的话记了下来，后来逐字逐句地讲给弗朗茨·卡夫卡听，他半闭着眼睛听我讲。我当时一点不知道，他在此以前早就写了《为某科学院写的一份报告》，内容就是一只猴子如何"变人"，因此，当他对我说了下面这段话时，我相当失望。他说："您的朋友讲得很对。文明世界大部分建立在一系列训练活动的基础上。这是文化的目的。按达尔文主义的观点，人类的形成似乎是猴子的原罪，而一个生物是不可能完全摆脱构成他的生存基础的东西的。"

我笑了笑说："总留下一截以前的猴子尾巴。"

"是的，"卡夫卡点点头，"人们很难对付自我。他们渴望与需要克服的那个阶段划清界限，于是不断产生言过其实的概念，也就一而再，再而三地形成新的假象，而这恰恰最清楚地表达了追求真理的欲望。人们只在悲剧的模糊镜子里发现自己。不过这

1 捷克第四长河流，易北河支流。

也已经成为过去。”

“猴子死了！”我莽撞地喊了一声。

然而卡夫卡却非常柔和地微微一笑，摇了摇头说：“哪里！死亡完全是人类的事情。每个人都要死，而猴子则在整个人的族类中生存下去。‘我’无非是由过去的事情构成的樊笼，四周爬满了经久不变的未来梦幻。”

他到乡下短时间看望了他的妹夫，回到布拉格后，我向他问候：“我们又回到家了。”

卡夫卡伤感地微微一笑。

“家？我住在父母那里。如此而已。我有一间自己的小房间，但这不是家，只不过是一处可以掩盖我内心不安的避难所，而掩盖的结果则是陷入更大的不安。”

近午，我来到卡夫卡博士办公室。

他站在关着的窗户前。他两只手抬起，支撑在窗台上。他旁边两步远的地方站着S.，一位身材矮胖的职员，一双小眼睛总是湿乎乎的，大鼻子显得有些滑稽，脸颊上血脉红红的，发红的大胡子非常蓬乱。我走进去时，S.正忧虑地问道：“您是否知道我们部门将怎样调整？”

“不知道。”卡夫卡博士说，向我点了点头表示欢迎，示意我到办公桌旁的客人椅子上就座。他接着说：“我只知道一点，这次调整将把原先的一切完全打乱。不过您不要害怕！您既不会高升，也不会下降。最后一切都将保持原状。”

那职员喘着粗气问：“您是说，博士先生，我的功劳他们又不算了？”

“是的，这有可能。”卡夫卡坐到办公桌旁，“董事会自然不会贬低自己的作用！要是那样岂不荒唐。”

S. 涨红了脸，说：“真卑鄙！太不公平了！真该一把火烧了整座楼。”

卡夫卡博士弓起了背，从下面关切地看着 S.，轻声说：“您大概不想填死您收入的来源吧！难道……？”

“不，”S. 歉然回答，“我不是这个意思。您了解我，博士先生。我是个非常善良的人，可是这鬼地方没有一点儿安全感，调整来调整去的，简直让我受不了。我只能发泄出来。可是我只不过说说而已……”

可是卡夫卡打断了他的话：“这一点恰恰是危险的。语言是行动的开路先锋，是引起大火的火星。”

“我不是这个意思。”惊慌的职员担保说。

“这是您说的，”卡夫卡笑眯眯地回答道，“可您知道，事情到底怎么样？也许我们已经坐在火药桶上，这火药桶会实现您的愿望。”

“这我不信。”

“为什么不信？您看窗外！火药已经向前迈进，会将我们的工伤保险公司和周围的所有机构全部炸毁。”

那职员在下巴前交叉起他的又短又粗的指头。“您言过其实了，博士先生。街道不危险，国家是强大的。”

“是的，”卡夫卡点了点头，“国家的力量建立在人们的惯性和需要安静这两点上，但是，如果这种需要得不到满足，会发生什么事呢？那样，您今天的咒骂就会变成普遍有效的贬低人的准则，因为言辞是符咒。这种符咒在人的脑子里留下指纹，瞬息之间指纹就能变成历史的足迹。说什么话，我们都得注意。”

“不错，您说得对，博士先生，您说得对。”S. 不知所措地告辞走了。

他带上门以后，我大笑起来。

卡夫卡博士目光犀利地看了我一眼。“您为什么笑？”

“这可怜人太可笑了。他根本没有听懂您的话。”

“假如一个人不理解别人，那他不是可笑，而是孤苦伶仃，十分可怜。”

我企图辩护：“您刚才是在开玩笑吧！”

卡夫卡博士慢慢地摇摇头，表示否定。“不！我对 S. 说的话是非常严肃的。今天，调整的梦幻在全世界游荡。各种各样的事都可能发生。您理解我吗？”

“我懂，”我轻轻地说，感到热血涌上我的脸颊，“我没有感情，太不懂事了。请您原谅。”

卡夫卡博士却头往后一扬，轻声地扑哧一笑，然后用安慰的口吻对我说：“现在可是您——用您的话说——有些可笑了。”我后悔地低下头看着地面，说：“是，我是个可怜虫。”我站起身。

“您要干什么？您坐下！”我坐下后，他飞快地打开抽屉。“我今天给您带来了一大包各种各样的杂志。”他笑了，我更觉得羞愧了，但我依然坐着。

此后，我还两次看见许多职员来找卡夫卡博士，为行将进行的调整向他摸底，但卡夫卡博士却没有什么确切的情况可以奉告，这让他感到很压抑，因为同事们以为他不是他们的朋友，而只是保险公司忠顺的雇员，因此，有几位职员就对法律顾问弗朗茨·卡夫卡博士说了一些不中听的话。我在卡夫卡博士处碰见过我的一位同学的父亲，名叫 M. 的，就是其中一位。他用一种无所谓的却流露出隐恨和不满的口吻说：“那好吧，您不言语，这是自然的。公司的法律代表不能反对董事会。他只能紧闭嘴巴。对不起，博士先生，原谅我这么真诚，打搅了。”

M. 点了一下头就走了。

卡夫卡的脸像木雕一样一动不动。他闭上了眼睛。

“真是个狂妄的粗人。”我恨恨地说了一句。

“他不狂妄，”卡夫卡用阴沉而忧伤的眼睛看着我，轻声说，“他只是害怕，因此不能公正地待人接物。害怕失去饭碗，这种恐惧心理败坏了人的性格。生活就是这样。”

我嘟囔道：“对不起，我可羞于过这样的生活。”

“大多数人其实根本不是在生活，”卡夫卡非常平静地说，“他们就像珊瑚附在礁石上那样，只是附在生活上，而且这些人比那些原始生物可怜得多：他们没有能抵御波涛的坚固岩石，也没有自己的石灰质外壳；他们只分泌腐蚀性的黏液，使自己更加软弱、更加孤独，因为这种黏液把他们和其他人完全隔离开来。面对这种情况，我们能做什么呢？”

弗朗茨·卡夫卡伸开双臂，又让它们像瘫痪的翅膀那样无可奈何地垂下。“大海滋生了这些不是十全十美的生物，人们是否该因此而反对大海？反对大海，也就是反对自己的生活，因为人也只不过是这样一只可怜的珊瑚，所以，我们只能拿出耐心，无言地吞下往上涌的强烈的黏液。这是我们不致为人和自己感到羞愧而能做的一切。”

在法务部的办公室里，靠窗放着两张没有什么雕饰的黑色大办公桌，长的一面靠在一起。从门口看，左边的桌子是卡夫卡博士的，坐在他对面的是特雷默尔博士，后者很像从前的奥匈帝国外交部长莱奥波德·贝希托尔德[1]伯爵。卡夫卡的这位同事对此颇感骄傲。他留着长胡子，梳着长发，穿高领衣服，系宽领带，在领带上别金别针，穿小开口背心，说话时操一种优越的、令人肃然起敬的语调，以突出他与部长的酷似。这使工伤保险公司的职员们很不喜欢他。他们私下都叫他“败落的司法伯爵”。据我父亲说，这个绰号是一位名叫阿洛伊斯·古特林的先生起的。就我今天记忆所及，古特林是个身材矮小、穿着讲究的职员，一头黑发梳得整整齐齐。

古特林写诗，我没有记错的话，他也写剧本，不过他的剧本

1 莱奥波德·贝希托尔德（Leopold Berchtold，1863—1942），1912—1915 年任奥匈帝国外交部长。

从未上演过。他十分钦佩理查德·瓦格纳[1]，欣赏古日耳曼诗的韵律，不喜欢特雷默尔博士，因为卡夫卡对面的这位同事毫不隐讳地把古特林自费出版的文学产品《熊熊燃烧的火焰》称作“满脸胡子的中等阶层诗”，说诗里胡诌的无非是统治者扔下的古日耳曼市侩唯心论。

使特雷默尔感到自负的除了他与贝希托尔德伯爵长得极为相似以外，还有他那鲜明的资产阶级唯物主义的世界观。我看见他的桌子上常常堆着恩斯特·赫克尔[2]、查尔斯·达尔文、威廉·伯尔舍[3]和恩斯特·马赫[4]的书，所以，有一次我去拜访卡夫卡博士时，古特林先生坐在办公桌旁，手里拿着一本大开本黑封皮的书，读出书脊上的烫金书名《达尔文：物种起源》，就毫不足怪了。他叹了口气。

“瞧，伯爵先生到猴子那里找他的祖先。”他一边说，一边眨了眨眼，想取得卡夫卡博士的赞同，但卡夫卡博士却有力地摇了摇头，淡淡地说：“我看，这一点当前并不紧迫，现在的问题不是祖先，而是后裔。”

“这怎么讲？”古特林把书放到桌子上，“特雷默尔可是个光棍！”

---

1 理查德·瓦格纳（Richard Wagner，1813—1883），德国音乐家、作家，主要从事歌剧创作。

2 恩斯特·赫克尔（Ernst Haeckel，1834—1919），德国自然科学家，进一步发展了物种起源学说。

3 威廉·伯尔舍（Wilhelm Bölsche，1861—1939），德国作家，致力于宣传科学。

4 恩斯特·马赫（Ernst Mach，1838—1916），奥地利物理学家、哲学家，经验批判主义的创始人之一。

“我不是说特雷默尔，而是说整个人类大家庭，”卡夫卡一边说，一边在胸前交叉起他瘦削的手指，“如果像现在这样下去，世界上很快就只有成批生产的机器人了。”

古特林微微一笑。“您太夸大了，博士先生，这是幻想。”他无可奈何地看看卡夫卡博士，又看看我，看了好一会儿，然后，他把目光停留在卡夫卡博士的鼻根上，嘟哝了几句：“这类似您的《变形记》。这种事情我懂，我自己也是诗人嘛。”

卡夫卡点点头。“是的，您是这样的人。”

古特林举起双手表示有所保留。“只是业余的，至于正业，我只是个无足轻重的职员。所以我现在只好走了。”他跟我们告辞，走出了办公室。

我现在记得很清楚，在他走后，我用一种忧伤失望的语气问卡夫卡：“您真把他看作诗人？”

卡夫卡眼睛里闪出淡绿色的小火星。他会心地微微一笑。“是的，我指的是字面意义。他是个包得紧紧的人，是个密不透风的人[1]。”

我笑了。“头脑不开窍！”

卡夫卡举起双手表示反对，仿佛他要把我的笑声向我推回来似的。他说：“我没有这样说。他是密不透风的，现实无法进入他的身体。他与现实完全隔绝。”

“用什么隔绝？”

---

1 德文中 Dichter 意为诗人、作家，ein dichter Mensch 意为把自己包得紧紧的人，Dichter 与 dichter 同音异义。

“用一堆陈旧的言辞和想法。这些东西比厚厚的装甲铁板还坚固。人就掩藏在它们背后，对时代的变化视而不见，所以，空话是恶的坚强堡垒，是一切热情与愚蠢的最持久的保鲜剂。”

卡夫卡整理着桌子上的纸张。我默默地看着他，心里再一次回味他刚才说的这番话，手指则不由自主地摸了摸放在我面前的、我进来时古特林拿在手里的那本书。

卡夫卡博士看见我摸书，就说：“这本书是特雷默尔博士的。请把它放到他桌子上。要是他发现书不在他桌子上，就会很恼火地盯着您看。”

我一边把书放回他的桌子，一边问：“他对这些东西真的感兴趣？”

“是的，”卡夫卡点点头，“他在研究自然史、生物学和化学。他要深入创造物的最微小的构成部分的力学，探求生命的意义结构。但是，这自然是死路一条。”

“为什么？”

“因为我们用这种办法找到的意义只是一种微不足道的反映，是一滴水珠中的天空，一幅因我们轻微颤动而错位模糊的图画。”

“您认为，博士先生，我们永远不能获得真理？”

卡夫卡默然。他眯起眼睛，变得阴沉了。他那突出的喉结上下动了几次。他看了一会儿支撑在桌子上的指尖，然后轻声说：“上帝，生活，真理——这些只是同一件事实的不同名字。”

我缠住不放：“我们能理解它吗？”

“我们时刻在体验它，”卡夫卡说，声音里隐含着些许不安，

“我们给予它不同的名字，并企图用不同的思想结构加以探讨的事实在我们的血管、神经和感官里流动。它存在于我们自己身上。也许正因为如此，我们才无法获得它的全貌。我们真正能理解的是神秘，是黑暗。上帝寓于神秘之中，黑暗之中。而这很好，因为没有这种起保护作用的黑暗，我们就会克服上帝。那样做是符合人的本性的。儿子废黜父亲，因此，上帝必须隐藏在黑暗中。因为人无法突入上帝，他就攻击包围着神性的黑暗。他把大火扔进寒冷的黑夜，但黑夜像橡皮那样富有弹性。它后退，但它会延续下去。消逝的只是人类精神的黑暗——水滴的光和影。”

和卡夫卡博士在码头上。满载的煤车从铁路旱桥上隆隆而过。

我告诉他，在战争的最后一年，我所住的街道（在卡林区）的小伙子们到齐斯卡山郊游，在铁路向上升高的拐弯处，他们跳上缓慢行驶的货车，从敞开的煤车上往下扒煤，然后跳下车，把煤搂到一起，装进带去的口袋背回家。我的一个同学名叫卡勒尔·本达，斜眼，是一位劳苦一辈子的女佣的儿子，他跳车时被卷到车轮下，碾得粉碎。

卡夫卡问：“您亲眼看见了？”

“没有，我只是听小伙子们说的。”

“您没有参加小伙子们的偷煤活动？”

“那倒参加了，我跟着他们的煤队去了几次。不过我只是旁观者。我没有偷煤。我家里有的是煤。我和小伙子们去齐斯卡山时，总是坐在一旁，或在灌木丛后面，或在树下，远远地看他们偷煤。这种事常常很紧张。”

“争取人生必需的温暖总是非常紧张的，”卡夫卡说，特别强调了从我的叙述中借用的那些话语，“这里关系到生与死的抉择，因此人们不能只当旁观者。灌木丛或树木都不能保护我们。生活不是齐斯卡山。每个人都可能跌到轮下。弱者、贫者比有足够燃料的强者、富者更早。可以说，弱者常常在被轮子碾轧以前就垮了。”

我点点头。“这一点千真万确。小本达好几次在灌木丛里坐在我旁边。眼泪从他脸颊上淌下来。他害怕。他本不想偷煤，可是别的孩子都笑他，他什么也没有带回来时，母亲曾用地毯拍揍了他几次，他这才去偷。”

“您说对了！”卡夫卡博士挥了一下手，大声说道，“您的同学小本达不是被货车碾碎的，而是早就被没有爱、没有温暖的环境碾碎了。通向灾难的道路比最后的结局还坏，而且也只能这样，没有别的可能。跳车扒车这类暴烈行为不会给他们带来多少好处。他们扒下的那点煤很快就烧光了，这时他们又冻得浑身发抖。他们再一次跳车所需要的力量就会一天比一天小，而摔倒的危险则在增大，所以倒不如去行乞。也许会有人扔给他们几块煤……”

“对，这样做不错，”我打断了他的话，“煤队开始时的行为就类似乞讨。小伙子们站在铁道旁，求铁路职工给他们一点煤。通常，铁路职工扔给他们几块煤。他们没有遇到好心肠的职工时，才跳车。”

卡夫卡博士又点了点头。“事情就是这样。只有毫无希望、什么也得不到时，这些孩子才去冒险跳车。我仿佛看见他们就在我面前，是绝望把他们驱赶到轮下。”

我们默默地往前走。卡夫卡博士瞥了一眼迅速变暗的河流，然后他说起别的事。

晚饭后，我向我父亲报告那天下午我和卡夫卡博士谈话的情况。他说：“卡夫卡博士是人格化的耐心和善良。我不记得公司里因为他而产生过什么冲突纷争，但他的随和并不表示软弱和贪图安逸。相反，他的随和的特点是，他以他对别人的极其精确、公正和充满谅解的态度使他周围的人不由自主地采取同样的态度。人们顺着他的意思说话，倘若他们很难和他持同一种看法，他们宁可不说，而不去反驳他。这种情况经常发生，因为卡夫卡常常发表完全独特的、与众不同的、与常规相左的看法。保险公司的人不是什么时候都能理解他，但是大家都喜欢他。对他们来说，他是个奇特的圣者。对许多公司以外的人来说，他也是圣者。不久以前，一位被工地升降机压断了左腿的辅助工就曾说过‘他不是律师，他是圣徒’的话。按规定，这位辅助工只能从我们公司得到很小一笔抚恤金。他递交了一份申诉书，从法律上看，申诉书表述得不正确。倘若在最后时刻，没有一位布拉格著名的律师去拜访这位年迈的辅助工，很内行地帮他修改申诉书，加以补充，那么老头子肯定打输官司。那位律师没有拿残疾的老人一分钱，帮他打赢了。我后来知道，是卡夫卡博士替他请了这位律师并支付了酬金，还亲自为他出谋划策，以便自己作为劳工工伤保险公司的法律代理人，在与老工人的诉讼中体面地败诉。”

我听得津津有味，我的父亲却露出愁容。他说："卡夫卡博士这样处理事情，不只这一次。同事中已经有各种各样的议论。有的人钦佩他，也有的说他无能。"

"那你呢？"我打断父亲的话，"你在这件事上持什么态度？"

我父亲做了个无可奈何的手势。"我对卡夫卡博士能采取什么态度？对我来说，他远不只是个同事。我喜欢他，因此，我对这些仗义行为非常忧虑。"他表情忧郁，端起面前的咖啡杯。

我后来听说，在卡夫卡博士进行这些"仗义行为"时，我父亲曾多次给予大力协助，他确实不仅仅是卡夫卡博士的同事，在许多情况下还是他的"同谋"。

他喝了咖啡，放下咖啡杯后说："博爱常常是十分冒险的事，因此它是最大的美德之一。卡夫卡博士是犹太人，但是他却比我们办公室的那些可爱善良的天主教徒和新教徒更具有基督教的博爱精神。在他面前，他们迟早会感到羞愧的。这可能会导致他们做出某种卑鄙的行为。人常常用更大的错误掩盖他的某个错误。某个职员被抓住什么把柄时，很容易以'卡夫卡式的正义行为'为自己开脱，所以，卡夫卡博士在博爱方面要小心谨慎些才是。你把这意思告诉他。"

两天以后，我陪卡夫卡回家，在路上跟他讲了我父亲的话。他先是沉默了一会儿，接着做了如下说明："情况并不完全像您父亲所看的那样。基督教的博爱和犹太教之间不存在对立。相反，博爱是犹太人的伦理成果。基督是给全世界带来治疗福音的犹太人，此外，每一种价值——物质的和精神的——都与冒险相联系。因为每种价值都要求考验。至于他人的羞愧感，您父亲的话是对的。我们不能激怒他人。我们生活在一个充满鬼蜮魍魉的时代，只能极其隐秘地行善和主持公道，仿佛那是违法的。战争和革命没有消逝。相反，由于我们的感情僵化冷漠，战争和革命之火更加炽热强烈了。”

我不喜欢卡夫卡的语调，于是说：“据此说来，就像《圣经》里所描写的，我们是在炼狱里喽！”

“是的，”卡夫卡点点头，“我们还在那里，这是个奇迹。”

我摇摇头。“不是奇迹，博士先生，这是完全正常的。我不相信世界的毁灭。”

卡夫卡微微一笑。“这是您的责任。您还年轻。青年如果不相信明天，那就是在背叛自己。人要生活，就一定要有信仰。”

“信仰什么？”

“相信一切事物和一切时刻的合理的内在联系，相信生活作为整体将永远延续下去，相信最近的东西和最远的东西。”

我给卡夫卡讲述了我在新德意志剧院看过的分别由瓦尔特·哈森克勒弗尔[1]和阿图尔·施尼茨勒[2]写的两出风格迥异的独幕剧[3]的演出情况。

---

1 瓦尔特·哈森克勒弗尔（Walter Hasenclever，1890—1940），德国犹太裔表现主义诗人、剧作家，代表作有《儿子》等。

2 阿图尔·施尼茨勒（Arthur Schnitzler，1862—1931），奥地利剧作家、小说家，代表作有《轻浮的爱》等。

3 指哈森克勒弗尔的《救命恩人》和施尼茨勒的《绿鹦鹉》。——雅诺施

“演出不协调，”我在结束我的讲述时说，“一个是表现主义，一个是现实主义，两者互相渗透。大概他们没有足够的时间进行研究。”

“这是可能的，”卡夫卡说，“布拉格德语剧院的情况很困难。从总体上看，这些困难是财政和人事上种种依附关系的巨大综合体，剧院没有相应的大量观众。这是个没有基础的金字塔。演员听命于导演，导演受制于剧院经理，而剧院经理又向剧院协会负责。这是一条缺少聚合环节的链条。这里没有具有真正德意志民族特性的东西，因此没有可靠的、常年不断的观众。坐在包厢和池座前排的说德语的犹太人并不是德国人，而专程来到布拉格、坐在楼座和两厢回廊的德国大学生只是外来力量的前哨，他们是敌人，而不是观众。在这种条件下，人们自然不可能进行严肃的文艺创作，力量都消耗在次要的事情上了。剩下的只是几乎永远达不到预期的良好效果的努力和劳苦，因此我不进剧院。太可悲了。”

当时，德意志剧院正上演瓦尔特·哈森克勒弗尔的戏剧《儿子》[1]。

弗朗茨·卡夫卡说：“儿子造老子的反，这是文学中的古老题材，一个更古老的世界问题。人们就这个题材写过许多正剧和悲剧，但在现实中，这是喜剧材料。爱尔兰人辛格[2]认识到了这一

1 该剧在 1920 年及其后一段时间里是一部相当流行的德国表现主义戏剧。——雅诺施

2 辛格（John Millington Synge，1871—1909），爱尔兰剧作家，著有悲剧、喜剧多种。他的《西部浪子》即为描写儿子反抗父亲的喜剧。

点。他的《西部浪子》中的儿子是个爱吹牛的年轻人，他夸口说他打死了父亲。这时他老子来了，使这位要打倒父亲权威的年轻人出尽了洋相。”

“据我看来，您对这场青年人反对老年人的斗争持怀疑态度。”我说。

卡夫卡微微一笑。“但是我的怀疑并不能改变这样一个事实：这场斗争实际上只是一场虚假的斗争。”

“怎么，虚假的斗争？”

“老年是青年的未来，他们迟早要变老的。为什么要斗争？为了更快地变老？更迅速地死亡？”这时进来一位职员，打断了我们的谈话。

维也纳宫廷演员鲁道夫·席尔德克劳特[1]来到布拉格访问演出，主演沙罗姆·阿施[2]的剧本《复仇之神》。

我和卡夫卡谈论此事。

“鲁道夫·席尔德克劳特是一位公认的大演员，”弗朗茨·卡夫卡说，“但他是伟大的犹太演员吗？我看，这大可怀疑。席尔德克劳特扮演犹太戏剧里的犹太人角色，但他不完全是用意第绪语为犹太人演出，而是用德语为每一个人演出，因此他不是纯粹的犹太演员。他是个边缘人物，是使人们能窥见犹太人的内部生

1 鲁道夫·席尔德克劳特（Rudolf Schildkraut，1862—1930），著名演员，曾为在汉堡、维也纳、纽约等地上演近代意第绪语剧作家的戏剧而奔走。——雅诺施

2 沙罗姆·阿施（Sholem Asch，1880—1942），波兰出生的美国小说家和戏剧家，用意第绪语写作以犹太人为题材的作品。《复仇之神》写于 1907 年。

活的中间人。他虽然没有澄清犹太人的生活，却开阔了非犹太人的视野。能做到这一点的只能是那些用意第绪语为犹太人演出的可怜的犹太演员。他们用他们的艺术吹走了依附在犹太人本质上的外来生活的沉积物，在公众面前显示出了隐蔽的、被人遗忘了的犹太人面貌，从而增强了处在时代旋涡中的人们的力量。”

我讲述了战争快结束时，我在盖斯广场的萨沃依小咖啡馆看了两场犹太巡回剧团的演出。卡夫卡听后十分惊讶。

“您怎么到那里去的？”

“跟我母亲一起。她在波兰待过很长一段时间。”

“您觉得戏演得怎么样？”

我耸耸肩。“我只记得，他们的话我几乎一点不懂。他们说的是行话。但我母亲很喜欢那些演员。”

卡夫卡看着远处。“我认识萨沃依咖啡馆的犹太演员。这是大约十年前的事了。他们的语言我听起来也很困难。后来我发现，我懂的意第绪语比我预想的要多。”[1]

“我母亲说一口流利的意第绪语。”我骄傲地说，然后给他讲了我童年时的一段往事。我六岁时跟母亲到普热梅希尔市[2]犹太人居住区的施瓦茨街。我看见从古老的房子和幽暗的杂货铺里跑出许多男人和女人，吻我母亲的手和裙裾，又哭又笑，大声喊着：“我们的好太太！我们的好太太！”我后来听说，在对犹太人的大

---

1 关于卡夫卡和意第绪语演员剧团的关系，参见《卡夫卡日记》、《卡夫卡致菲丽丝》和马克斯·布罗德著《弗朗茨·卡夫卡传》。——雅诺施

2 波兰东南部边境城市。

屠杀时期，我母亲在家里藏过许多犹太人。

我讲完后，弗朗茨·卡夫卡说："我想跑到隔离区的可怜的犹太人那里，吻他们的衣裙，而不说一句话。如果他们能默默地容忍我在他们身边，我就非常高兴了。"

"您如此孤独？"我问。

卡夫卡点点头。

"像卡斯帕尔·豪泽尔[1]一样孤独？"我又加了一句。

卡夫卡笑了。"比卡斯帕尔·豪泽尔还糟得多。我——像弗朗茨·卡夫卡一样孤独。"

我和我的朋友阿尔弗雷德·肯普夫常常在一起散步。一次，当我们穿过布拉格老城的几条狭窄的街道和通道式房屋，来到现代化的城壕时，肯普夫对我说："布拉格是一座悲剧性城市。这一点从建筑上就能看出来：中世纪的和近代的各种形式几乎毫无过渡地互相交错在一起。这样，一排排房屋就具有某种浮动的、梦幻的色彩。布拉格是一座表现派城市。房屋、街道、宫殿、教堂、博物馆、剧院、桥梁、工厂、塔楼、简陋的出租楼房，这一切都是一种深沉的内部运动的石化了的痕迹。布拉格的城徽图案里有一只铁拳，一只砸烂使人窒息的城墙和铁栅栏的铁拳，这不是没有道理的。城市的平淡无奇的日常生活背后潜藏着一种强烈的生活意志，它要打碎旧的形式，不断地巩固新的生活，但是恰

1 卡斯帕尔·豪泽尔（Kaspar Hauser，1812—1833），一名声称自己成长于与世隔绝的环境中的德国青年，后成为多种文学作品的主角。

好在这里已经潜伏着毁灭的种子。暴力导致新的暴力。越来越发达的技术将粉碎那只铁拳。现在已经可以闻到一股废墟的味道。”

我回家后，在日记里记下了肯普夫的话，想第二天到劳工工伤保险公司里念给卡夫卡博士听。

他专注地听我朗读。当我合上日记本，把它放进膝盖上的公文包里时，他把下唇往里抿了好一会儿，然后，他慢慢往前俯身，把两臂舒服地放在办公桌上，他脸上的紧张神情消失了。他谨慎地轻声说：“您朋友的话本身就已经是一只铁拳。我可以想象，您在他们中间是多么震惊。我和我的朋友也常有这种情况。他们口若悬河，一次又一次地迫使我反思。”

他用他特有的方式轻轻地笑了笑，好像纸张轻轻的唰唰声。他把头往后一扬，目光对着天花板，说：“不仅是布拉格，整个世界都是悲剧性的，技术的铁拳粉碎了所有的防护墙。这不是表现主义。这是赤裸裸的日常生活。我们像罪犯被绑赴刑场那样，被赶往真理。”

“为什么？难道我们在破坏秩序？我们是和平的破坏者？”我提问时有些吵架的语调让我自己也吃了一惊，我不由自主地弯起大拇指，放到唇边，力图从卡夫卡的眼光中探究出他对我的发作的反应，但他只是凝视着远方，却对我的问题的每个字都做出了非常精确的反应。他说：“是的，我们是秩序与和平的破坏者。这是我们的原罪。我们置身于自然之上，我们不仅要作为族类死亡和复归，我们每个人还都要作为单个的人，尽可能长久地保持欢愉的生活。这是反而使我们失去生活的一种反抗。”

“这我不懂，”我非常坦率地说，“我们愿意活着，不愿意死，这不是很自然的吗？这里到底有什么特别的罪过？”

我的声音里有些许嘲讽的味道，但卡夫卡似乎没有觉察到。他很平静地说：“我们企图把我们自己有限的小世界置于无限的大世界之上。这样，我们就干扰了事情的正常循环。这是我们的原罪。宇宙和地球的一切现象都像天体那样绕着圆圈运动，永远地周而复始，只有人，具体的人，这种生物从出生到死亡走着一条直线。对人来说，不存在个人的复归。他只感觉到沉降。这样，他就与宇宙秩序相交错。这是原罪。”

我打断他的话：“可是他对此没有过错，命运加在我们身上的东西怎么能是一种罪过？”

听了我的话，卡夫卡慢慢向我转过脸。我看见他灰色的大眼睛：他目光阴沉，令人琢磨不透。他的神情非常平静深沉。只有微微向外突出的下唇颤动了一会儿。也许只是颤动的一点点迹象？

他问我：“难道您要向上帝抗议？”

我看着地面。屋内静寂无声。

然后，弗朗茨·卡夫卡说：“否定原罪，就是否定上帝，否定人。也许只有死亡才给人以自由。这一点谁知道？”

一次，我们顺着老城广场散步时谈论起马克斯·布罗德的剧作《伪造者》。我跟卡夫卡讲了我对如何导演该剧的设想。我们正好谈到一个女人的出现改变了整个情况。我的意见是，舞台上的人物看见女人上场时要慢慢后退，但卡夫卡不同意我的看法。

“所有的人都应该像遭雷击那样迅速后退。”他说。

“这样太戏剧化了。”我反驳。

但弗朗茨·卡夫卡摇了摇头。“就应该这样，演员应该戏剧化。他的感情和言行必须比观众的感情和言行更强烈，才能在观众身上达到预期的效果。要使戏剧对生活产生影响，它就必须比日常生活更强烈、更紧张。这是重力法则。射击时瞄得必须比目标更高更远。”

布拉格等级剧院上演恩斯特·魏斯[1]的革命戏剧《坦雅》。魏斯是马克斯·布罗德的朋友之一。

当我向卡夫卡讲述我所看的演出情况时，他说：“最美的是梦见坦雅孩子的一场戏。在戏剧把不现实的事情变为现实时，它对观众产生的影响最强烈。这时，舞台就成了灵魂潜望镜，从内部照亮了现实。”

作曲家古斯塔夫·马勒[2]的一位亲戚，我的同学格奥尔格·克劳斯借给我两本法国作家亨利·巴比塞[3]的书，一本是《炮火》，一本是《光明》。

这两本书我是为卡夫卡借的。他看后说：“炮火，战争的图像，符合真实情况。光明则只是梦想的标题。战争把我们推进了

---

1 恩斯特·魏斯（Ernst Weiss，1884—1940），医生、作家。——雅诺施

2 古斯塔夫·马勒（Gustav Mahler，1860—1911），奥地利作曲家、指挥家。

3 亨利·巴比塞（Henri Barbusse，1873—1935），法国社会主义作家，长篇小说《炮火》出版于1916年，《光明》出版于1919年。——雅诺施

扭曲变形的镜子组成的迷宫。我们在一个个假象之间跌跌撞撞，我们是被假预言家和江湖医生搞得晕头转向的牺牲品，他们用廉价的幸福药方蒙住了我们的眼睛和耳朵，使我们像通过一道道窄门那样通过一面面镜子，从一个地牢跌进另一个地牢。”

坦率地说，卡夫卡说的话，我当时并不能完全理解，但我不想让人看出我是个理解能力低下的人，于是就用提问掩饰自己："什么东西使我们陷入这种处境？又是什么使我们无法脱身？难道我们不是出于自己的意愿走上通往这镜厅的道路？是什么引导我们这样做？"

“我们巨大无比的贪欲和虚荣，我们的权力意志的罪孽。我们争夺并没有真实价值的价值，结果，我们就漫不经心地毁坏了我们整个人类生活所系的事物。这是丑化我们、杀害我们的迷惘。”

有一次我到劳工工伤事故保险公司时带去了卡西米尔·埃德施米德[1]的《双头女神》。埃德施米德在第二章“特奥多尔·多伊布勒和抽象派”中也评论了弗朗茨·卡夫卡。

“您知道这本书吗？”我问。

弗朗茨·卡夫卡点点头。“有人向我提过。”

“您有什么评价，博士先生？”

卡夫卡耸了耸肩，用右手做了个无可奈何的手势。

1 卡西米尔·埃德施米德（Kasimir Edschmid，1890—1966），表现主义作家、理论家，他的《双头女神——文学与现代论文集》1920年在柏林出版，其中第二章提到了卡夫卡。

“按埃德施米德的看法，我好像是个设计师。其实我只是个平庸拙劣的描图师。埃德施米德断言，我把奇迹融进了普通的事情之中，这当然是他的一大错误。普通的东西本身就是奇迹！我只是把它描画下来而已。就像照明人员照亮了遮暗的舞台那样，我也可能稍许照亮了一点这些普通的事情，然而这一点并不正确。在现实中，舞台并没有遮暗。现实舞台充满阳光。于是人们闭上眼睛，看不到多少东西。”

“在直观形象和现实之间常常存在令人痛苦的差异。”我接了一句。

卡夫卡点点头。

“一切都在斗争，都在搏斗。只有每天都必定能征服爱情与生活的人才会得到它们。”

他停顿了一会儿，然后露出讥讽的微笑，轻声说：“这是歌德说的。”

“约翰 · 沃尔夫冈 · 冯 · 歌德？”

他点了一下头。“关系到我们人的事情，歌德几乎都说到了。”

“我的朋友阿尔弗雷德 · 肯普夫对我说，奥斯瓦尔德 · 斯宾格勒[1]完全是从歌德的《浮士德》一书中汲取了思想，形成他的《西方的没落》的理论的。”

“这是完全可能的，”弗朗茨 · 卡夫卡说，“许多所谓的科学家把作家的世界移植到另一个科学的层次上，从而获得荣誉，被

1 奥斯瓦尔德 · 斯宾格勒（Oswald Spengler，1880—1936），德国历史哲学家，文化形态学奠基人。

人看重。”

我父亲对任何一种木制品都有狂热的兴趣。他在阁楼上有一间小小的木工场，那里有一张刨床和一把真正的小型圆锯。他时刻梦想着能买一台木工车床。他有一位相交多年、钦佩之至的朋友。这位朋友名叫扬·车尔尼，是税务员，但这只是他的谋生职业。他真正感兴趣的是意大利提琴制作工匠的秘密。为了深入他们的艺术，他在业余时间研究了多年古老的意大利、德国和捷克提琴的漆、木质、空间容积和结构。他学习化学、历史和声学。他收藏了数量可观的弦乐器、专门的电气测量仪器，不用说，他有一个装备有两台木工车床及其他设备的木工场，那两台车床令我父亲十分眼羡。因此他下班后常常去车尔尼家，有一次他把我也带去了，醉心的提琴制作者要试用他的一把新作，让我为他钢琴伴奏。

我还很清楚地记得那天的情况，那是五月初，下着雨。车尔尼当时的地址我已经记不得了，但是，“提琴实验室”——我父亲常这么称车尔尼的住宅——的气氛则非常清晰地留在我的记忆里。

我刚走进车尔尼的住宅时的印象是，这是一所小小的、井然有序的职员住宅，但这只是假象，假象后面隐藏着一个特殊的炼金术士的巢穴。住宅主人的生活兴趣一分为二，这一点在住宅的安排上就表现出来了。

狭窄的、过道似的前厅左侧是一间小厨房，厨房旁边是相当阴暗的起居室。这里是车尔尼先生和妻子阿格娜丝小资产者生活的舞台，但前厅的另一侧则是耗尽他精力和心血的、热情得以驰骋的场所：一间刷成白色的大房间，墙上挂着稀奇古怪的图表、曲线图和几把小提琴，安在墙上的长架子上摆着许多化学试管、罐子、灯具、测量仪器和装着毛笔的大钵。架子旁边是两扇窗户，窗户前放着一张刨床，旁边是一架黑色大钢琴。左侧墙边放着两台车床，一个高高的、放着各种各样文件夹的架子，一张放着煤气灶的小桌子。桌子对面，在房门的右侧，蒙满灰尘的铁制衣架上挂着几件肮脏的画家工作服，几条破旧的、溅上许多颜料的深色裤子，一顶蒙着灰尘、褪成灰褐色的圆顶便礼帽。衣架旁边的墙边堆着一摞长短不一的窄木板。呛鼻的油味、烟味和胶合剂味道充满了整个房间，把我的鼻子刺激得痒痒的，可是我父亲的眼睛却放出兴奋的光彩。他说："这是真正的工场，对吧？你看这车床！"

我只哼了一声。

然后我们走进起居室兼卧室，里面放着罩着绿色丝绒罩面的家具，一张圆桌子，两张棺椁状的单人床。车尔尼太太端上加了奶油的咖啡和一块高高的蛋黄色蛋糕。咖啡有一股煤油味，而香草味的蛋糕在牙齿之间发出沙子或玻璃纸那样的沙沙声，但是这也许只是我的感觉，因为提琴实验室给我的印象太强烈，把我完全征服了。

为了摆脱这个印象，我事后写了一个取名为《宁静的音乐》的故事。故事的依据是车尔尼在我们访问他时所说的一段话。

他说："生活就是忍受运动和进行运动，但是，只有一部分运动表现为空间的变化。我们忍受的运动中，更大的一部分并不表现为位置的变化。一切有生命的东西都处在振动中。一切有生命的东西都发出声音，但我们只听见其中的一部分。我们听不见血液的循环、我们身体组织的生长和死亡，听不见化学过程发出的声音，但是，我们的器官的微小细胞，我们的脑纤维、神经纤维和肌肉纤维，都充满听不见的声音。它们随着我们周围的事情一起振动。音乐的力量就建立在这一基点上。我们用音乐能引起更深沉的感情的振动。为此我们利用乐器，这里，起决定作用的是它们所具有的发音能力。就是说，起决定作用的不是音量和音色，而是隐蔽的声音性质，音乐刺激用以触击神经的强度。这是每一种乐器和每一个乐器制造者的首要问题。他必须设法使他的乐器具有尽可能高的音强。就是说，他必须制造出能把一般情况下听不见、感觉不到的振动提高到人的意识中的乐器，因此，乐器制造者的问题是使安静复苏，使之具有生气。他必须把隐蔽的声音从安静中分离出来。"

我以这些思想为基点，写了一篇关于乐器工匠的幻想故事，这位工匠用新的乐器向听者传递了全新的、超出迄今为止一切理解力的、充满乐趣的刺激，它们的强度提高到了痛苦的程度，这种痛苦撕裂了听者的神经，使发明者过了一段时间后发了疯。

我把故事带给卡夫卡博士看。过了几天，他笑了笑对我说："我知道您所写的声音魔力。我和您父亲到车尔尼先生家去过几次。我们在那里刨了几块木板，为此他允许我们用车床做几样小东西。车尔尼先生向我们讲解了他的关于安静具有音乐潜能的理论，让我们看了他那把奇特的新制小提琴，小提琴狭窄的侧面开了几个音孔。他还给我们演奏了一会儿，可我一点也不懂。就我现在记忆所及，那把新琴发出脆裂的金属声。这是车尔尼的乐器唯一引起我注意的地方。我告诉了他我的感觉。我的话大概使他不悦，因为他对我的态度不再像以前那样友好了。我后来再也没有去过。”

“您对车尔尼的安静理论怎么看？”

“这不是新东西。就像X射线那样，自然也有人耳听不见的声波。我想，有一个法国人——我记不起他的名字了——进行了一系列实验，证明昆虫能通过我们人听不见的声波互相沟通。我们接收外界信息的范围为什么不能扩大？人不是石头。他也具有变化的能力。一块矿石碎裂，熔化，凝聚成规则的晶体。人不仅是大自然的杰作，而且也是他自己的杰作，是不断突破现有界限、使迄今为止仍蒙在黑暗中的东西变得明晰可见的魔鬼。”

“照您的看法，车尔尼需要认真对待？”

“当然！我们必须认真对待每一个人。每一个人都有他所特有的追求幸福的需要。至于这是天才的阐释还是古怪的孤僻，只有时间才能决定。”

“博士先生，您以为时间是公正的吗？”我怀疑地问，“时间是两面神，它有两副面孔。”

“它甚至有两重基底。”卡夫卡笑着说，“它是延续，是对衰落的抵御，又与未来的可能性相联系，与期待新的延续的希望相联系，它是变化，是赋予每个现象以自觉存在的变化。”

我来到卡夫卡办公室里。我带着克里斯蒂安·莫尔根斯泰恩[1]的《绞刑架之歌》。

“您读过他的严肃诗歌吗？”卡夫卡问我，“比如《时间与永恒》《等级》？”

“没有，我根本不知道他写严肃诗歌。”

“莫尔根斯泰恩是极其严肃的诗人。他的诗太严肃了，以至于他不得不写《绞刑架之歌》，以逃避自己过分的严肃。”

布拉格的德语诗人约翰内斯·乌尔齐迪尔[2]收集并出版他一位不满二十岁就去世的朋友的诗。

我问弗朗茨·卡夫卡是否认识这位已故的诗人。我记不起他是怎样回答的，但最后一段话我却记得：“他是非常不幸的年轻人，在咖啡馆里的百岁犹太人之间消磨时光，死于他们中间。他除此还能做什么？咖啡馆是这个时期犹太人的地下墓穴。没有光，没有爱。这不是每个人都能忍受的。”

我在格奥尔格·特拉克尔[3]的诗里第一次看到1828年在纽伦

1 克里斯蒂安·莫尔根斯泰恩（Christian Morgenstern，1871—1914），德国诗人，主要创作抒情诗和箴言诗。

2 约翰内斯·乌尔齐迪尔（Johannes Urzidil，1896—1970），曾任德国驻布拉格使馆的新闻专员。他写作诗歌和文化论文。——雅诺施

3 格奥尔格·特拉克尔（Georg Trakl，1887—1914），奥地利诗人，著有诗集《塞巴斯蒂安在梦中》《寂寞者的秋天》等，是德语文学中重要的表现主义诗人。

堡出现的神秘弃儿卡斯帕尔·豪泽尔的名字。后来，吕迪亚·霍尔茨纳尔[1]借给我雅各布·瓦塞尔曼[2]的长篇小说《卡斯帕尔·豪泽尔或心的惰性》。

提起卡斯帕尔·豪泽尔，弗朗茨·卡夫卡对我说："瓦塞尔曼的卡斯帕尔·豪泽尔早就不是弃儿了。他现在有合法身份，进入了世界，在警察局注了册，成了纳税人。自然，他已经改了名字。他现在名叫雅各布·瓦塞尔曼，是德国小说家，有别墅寓所。暗地里他也患有心脏惰性症，让他感到内疚。他以这种内疚为题材写了稿酬丰厚的小说，这样也就一切都井井有条了。"

我父亲喜欢阿尔滕贝格[3]的散文诗。每当他在报上发现这样一首小诗，他就剪下来，夹到一个特别的纸夹里很好地保存起来。

我把这件事告诉弗朗茨·卡夫卡时，他微微一笑，身体向前一弯，把交叉的双手夹在两膝之间，用很轻的声音说："这太好了。非常好。我一向喜欢您的父亲。乍一看，他好像很淡漠冷静。别人会想，他只是个既严肃又能干的职员，但是，只要进一步了解他，就会透过假象，发现他充满了令人感到亲切的人性。您父亲知识渊博，又感情丰富，所以他喜欢文学。彼得·阿尔

1 霍尔茨纳尔在布拉格有一所私人学校。德国、捷克和外国文人、画家、雕塑家和音乐家常到他家里聚会。他的兄弟卡尔·霍尔茨纳尔是后来成为表现主义作家的弗朗茨·韦尔弗的家庭教师。——雅诺施

2 雅各布·瓦塞尔曼（Jakob Wassermann，1873—1934），德国作家，代表作有小说《毛里求斯案件》等。

3 阿尔滕贝格（Peter Altenberg，1859—1919），奥地利意象派诗人，擅长短小的散文艺术形式。

滕贝格确实是个诗人。他的小故事反映了他的整个人生。他迈出的每一步，他做的每一个举动，都证实了他的言语的真实性。彼得·阿尔滕贝格是发现和描写小事的天才，是个罕见的理想主义者，到处都能发现世界的美好之处，就像人们在咖啡馆的烟灰缸里发现烟头一样。”

古斯塔夫·迈林克[1]的长篇小说《戈伦[2]》是第一次世界大战刚结束时最成功的德语小说。弗朗茨·卡夫卡向我谈了他对这本书的看法。他说：“布拉格犹太老城的气氛写得妙极了。”

“您还在回忆老犹太区？”

“其实我已经快回忆完了。不过……”卡夫卡用左手做了个手势，仿佛说：“这又有什么用？”他微微一笑，好像说：“什么用也没有。”

他接着说道：“那些幽暗的角落、神秘的过道、模糊的窗户、肮脏的庭院、嘈杂的酒馆和关闭的餐馆依然活在我们心中。我们穿越新城宽阔的街道，然而，我们的步伐和目光却是迟疑的。我们好像在贫困的老胡同里那样，内心仍在颤抖。我们的心一点也没有感受到卫生条件的改善。存在于我们身上的不卫生的犹太老城比我们周围的清洁卫生的新城更现实。我们清醒地穿过梦境：我们自己只不过是过去的岁月的一个幽灵。”

---

1 古斯塔夫·迈林克（Gustav Meyrink，1868—1932），奥地利作家。

2 戈伦，本为犹太民间传说中用黏土烧成的会说话的假人。

我在一家旧书店里找到了列昂·布鲁阿[1]所著《穷人的血》一书的捷文译本。

弗朗茨·卡夫卡对我找到的书很感兴趣。他说："我读过列昂·布鲁阿一本反对反犹主义的书，书名是《向犹太人致敬》。书里，犹太人像贫穷的亲戚，得到了一个基督徒的保护。写得很有意思，而且——布鲁阿会骂人。这是非同寻常的。布鲁阿有一团火，让人想起先知的火一样的激情。我要说：他比他们骂得好得多。这很好解释，他的火是由现代的种种垃圾废料培植起来的。"

弗朗茨·卡夫卡送给我卡尔·达拉戈[2]写索伦·克尔恺郭尔[3]的一本小书。他对我说："克尔恺郭尔的问题是，对于存在，不是从审美上去享受，就是从伦理上去感受，然而我却觉得，这里这样提出问题是错误的。这种非此即彼只存在于克尔恺郭尔的头脑里。实际上，只有通过顺从的伦理感受才能从审美上享受存在，但是，这只是我一时的个人看法，在做进一步的考察后，我也许会放弃这个看法。"

---

1 列昂·布鲁阿（Léon Bloy，1846—1917），法国作家。他在作品中宣布邪恶世界的毁灭和上帝王国的到来。《穷人的血》一书出版于1909年，捷文译本出版于1911年。《向犹太人致敬》一书则出版于1892年。——雅诺施

2 卡尔·达拉戈（Carl Dallago，1869—1949），诗人、哲学家。他的小册子《克尔恺郭尔的基督徒》于1922年在因斯布鲁克出版。——雅诺施

3 索伦·克尔恺郭尔（Søren Kierkegaard，1813—1855），丹麦哲学家。他的思想是现代存在主义哲学的理论根据之一。主要著作有《非此即彼》《恐惧与战栗》《人生道路的阶段》等。

有几次，我和汉斯·克劳斯[1]一起到弗朗茨·卡夫卡那里拜访。我虽然在学校里就认识汉斯·克劳斯，但以前我和他并不熟，因为他比我大几岁，而且，他当时已经是个小有名气的作家，写了不少诗和小说。

与他相比，我只是个未成年的小学生，可我觉得，弗朗茨·卡夫卡对我说话时要比对克劳斯和蔼友善。我一方面为此感到高兴，同时又为自己害羞。

“难道你对卡夫卡博士来说只是个孩子？”我问自己，但马上就又自我安慰起来，“你这样说自己大概只是因为他对你比对克劳斯友好和蔼。”

我心里总不能平静。于是，有一次当我陪卡夫卡从办公室到老城广场散步时，我就问他：“博士先生，您认为我爱慕虚荣吗？”

卡夫卡很惊讶。“您怎么会问这个问题？”

“我觉得您对我比对克劳斯和蔼亲切。这让我高兴，让我很高兴。但同时我对自己说，这也许只是虚荣心作祟的缘故。”

卡夫卡挽住我的胳臂。“您是个孩子。”

我的下巴颤抖起来。“您看，博士先生，我一直这样想，我还是个未成年的傻孩子，您才对我这么亲切。”

“对我来说，您是个年轻人，”弗朗茨·卡夫卡说，“您有别人已经失去的各种前景。其他人离您这么近，使您不得不非常仔细地观察自己，免得消失于人群之中。我对您肯定比对克劳斯亲

1 克劳斯在许多报刊上发表小说和诗歌；1930 年，他的一个剧本在布拉格新德意志剧院首演。

切。我和您说话，就等于和我的过去说话。这时当然必须亲切和蔼，况且您比克劳斯年轻，您需要更多的理解和关爱。”

从这天起，我和克劳斯的关系发生了变化，我们几乎成了朋友。他介绍我认识了他的文友：医生鲁道夫·阿尔特舒尔[1]和建筑师康斯坦丁·阿纳[2]，后者用汉斯·蒂纳·康东的笔名发表诗作。

我们互相拜访，一起去剧院看戏，郊游，互相借书，讨论，互相钦佩。

这样就产生了“抗议”小团体。该团体在莫扎特音乐厅举办自己的朗诵晚会。

我们也想为听众朗诵一些弗朗茨·卡夫卡的作品，但他严厉禁止我们这样做。

“你们疯了，”他对我说，“抗议还要向警察申报，得到他们批准！可笑可悲。这比真正的反抗还糟糕，因为这只是一场佯装的风暴。我压根儿不是新教徒[3]。我容忍一切，耐心地忍受一切，只是这种公开登台露面，我不愿接受。”

我赶紧解释，我与阿尔特舒尔、克劳斯以及阿纳没有共同之处。我们的团体解散了。对我来说，卡夫卡比我自己的虚荣心更亲近。

---

1 阿尔特舒尔（Rudolf Altschul）是当时布拉格著名的神经科医生。——雅诺施

2 阿纳（Konstantin Ahne）于1920年用汉斯·蒂纳·康东（Hans Tine Kanton）的笔名出版了诗集《生与雾》。——雅诺施

3 “新教徒”一词原意为“抗议者”，因新教对罗马主教（即天主教）抱抗议态度，不承认罗马主教的教皇地位，故称为“抗议宗”或“抗罗宗”。

几个月以后，我和汉斯·克劳斯之间发生了一次冲突。我向卡夫卡讲述这次冲突时，他静静地听我讲，然后耸了耸肩膀说："您想从我这里讨主意。我可不是个好顾问。对我来说，每个建议归根到底都只是背叛，是胆怯地逃避未来，而未来是检验我们的现在的标准。害怕检验的只能是内心有愧的人。不能完成他现在的任务的人就是内心有愧的人，但是谁能确切地知道他的任务？没有这样的人，因此，我们每一个人都觉得内心有愧，他总想尽快入睡，摆脱这种负疚之感。"

我接着说，约翰内斯·R. 贝歇尔[1]在一首诗里称睡眠是死神的友好拜访。

卡夫卡点点头。"这话很对。我的失眠也许就是害怕我欠了他性命的来访者。"

诗人汉斯·克劳斯送给我一本小书——阿尔贝特·埃伦斯泰因[2]的《图布奇》，书里附有奥斯卡·科柯施卡[3]的十二幅插图。卡夫卡在我这里看到了这本书，我把书借给他，下一次我到办公室看望他时，他把书还给了我。他说："薄薄的一本小书，带来那么多喧闹。《人在呼喊》，您看过这本书吗？"

"没有。"

---

1 约翰内斯·R. 贝歇尔（Johannes R. Becher，1891—1958），德国作家、诗人，希特勒上台后流亡苏联，战后回到苏占区，曾任民主德国文化部长。《致睡眠》一诗发表于 1918 年。

2 阿尔贝特·埃伦斯泰因（Albert Ehrenstein，1886—1950），奥地利表现主义诗人。

3 奥斯卡·科柯施卡（Oskar Kokoschka，1886—1980），奥地利著名表现主义画家、雕塑家和作家。

“我记得，这是阿尔贝特·埃伦斯泰因的一本诗集的书名[1]。”

“看来您对他很了解。”

“了解？”卡夫卡说，否定地耸了耸肩，“我们永远不会了解活着的人。现在就是改变和变化。阿尔贝特·埃伦斯泰因是这个时代的族类的一分子。他是个悬在空中的呐喊的孩子。”

“您怎么看科柯施卡的插图？”

“我看不懂。‘图画’一词从画图、描画、标明派生而来。这些画向我表明的只是画家内心的巨大混乱。”

“我在鲁道夫纪念馆的表现派画展上看到了他描绘布拉格的巨大油画。”

卡夫卡把放在桌子上的左手翻成手掌朝上，说：“是那幅中间有尼克拉斯教堂的绿色圆顶的巨幅画作？”

“是的，我指的就是那幅。”

卡夫卡低下了头。“在那幅画上，房顶飞跑了。圆顶成了风中的雨伞。整个城市飞起来，飞跑了。但布拉格却依然屹立在那里，尽管它有许多内部矛盾冲突。这正是布拉格奇妙的地方。”

我为约翰内斯·施拉夫[2]的诗集《春天》里的两首诗谱了曲。我抄录了一份寄给词作者。约翰内斯·施拉夫给我写了一封书法精美的长信，表示感谢。我让弗朗茨·卡夫卡看了这封信。

1 埃伦斯泰因的《图布奇》一书于 1919 年作为“岛屿丛书”之一出版；卡夫卡提到的《人在呼喊》一书于 1916 年在莱比锡出版。——雅诺施

2 约翰内斯·施拉夫（Johannes Schlaf, 1862—1941），德国作家，与霍尔茨等人开创了德国自然主义文学。

卡夫卡一边笑着，一边在桌子上把信递回给我。“施拉夫非常令人感动。我和马克斯·布罗德在魏玛时曾去拜访过他。他那时一点不想谈文学艺术。他的全部兴趣都集中在怎样推翻现行的太阳系理论。”

“不久前我看见过他的一本厚厚的书，他在书中宣称地球是宇宙的中心[1]。”

“这正是他当时的思想。他想通过他对太阳黑子的特殊解释，让我们信服他的想法是正确的。他把我们带到他的小市民住宅的窗边，让我借助陈旧的学生用望远镜观看太阳。”

“你们当时笑了。”

“哪里！他敢于用旧时代遗留下来的这样一件可笑的东西反对科学和宇宙，这件事既滑稽可笑，又令人感动，我们几乎要相信他了。”

“什么事情阻碍了你们这样做？”

“可以说是咖啡。咖啡太糟了，我们只好告辞离开。”

我讲了一个雷曼[2]写的很有趣的故事：莱比锡的出版商库尔特·沃尔夫早上八点钟拒绝了泰戈尔的译本，两个小时后，又匆匆派出版社编辑赶往邮政总局索要退回的手稿，因为他在报上读

---

1 施拉夫曾研究过多年地球中心说问题。他这方面的第一本书《帕拉斯曼教授和太阳黑子现象》1914 年出版于莱比锡。这方面的主要著作是《地球中心这一事实为太阳黑子现象的直接结论》（1925，莱比锡）和《以地球中心说解决宇宙问题》（1927，魏玛）。——雅诺施

2 雷曼（Hans Reimann，1889—1969），德国作家。

到泰戈尔被授予了诺贝尔奖。

“他拒绝译稿真是有些奇怪，”弗朗茨·卡夫卡慢条斯理地说，“泰戈尔离库尔特·沃尔夫并不远嘛。印度—莱比锡，这种距离是表面的。实际上，泰戈尔只是个穿着伪装的德国人。”

“也许是个首席教师？”

“首席教师？”卡夫卡重复了一遍，把紧闭的嘴唇的嘴角向下抿了一下，慢慢地摇了摇头，“不是首席教师，但他可能是个萨克森人，和理查德·瓦格纳[1]一样。”

“穿粗呢大衣的神秘主义？”

“差不多吧。”

我们都大笑起来。

我借给卡夫卡一本印度宗教书《薄伽梵歌》[2]的德译本。

卡夫卡说：“印度宗教文献既吸引我，又使我反感。它们像毒品那样，既有诱人的东西，又有吓人的东西，所有这些瑜伽师和魔术师都不是以其对自由的炽烈之爱，而是以其对生活的无情憎恨控制与自然密切联系的生活。印度的宗教修身活动盖源于深不可测的悲观思想。”

我向他提起叔本华对印度宗教哲学的兴趣。

卡夫卡说：“叔本华是语言艺术家。从这里产生了他的思想。仅从语言考虑，我们就一定得读他的作品。”

---

1 理查德·瓦格纳生于莱比锡。莱比锡属于萨克森州。瓦格纳常穿粗呢大衣。

2 古代印度史诗《摩诃婆罗多》的一部分。

卡夫卡看见我有一本米夏埃尔·马勒斯的薄薄的诗集[1]时笑了。他说："我认识他。他是个愤怒的无政府主义者。《布拉格日报》的人把他当作奇人一样容忍他。"

"他们并不认真对待捷克无政府主义者？"

卡夫卡窘困地微微一笑。"这很难。这些自称无政府主义者的人非常亲切可爱，使得别人不得不相信他们的每一句话，但同时，也正因为他们的这种性格，我们又不能相信，他们真能成为他们所宣称的世界破坏者。"

"您认识他们本人？"

"有所认识。他们是些很可爱的、很有趣的人。"

几天以后，我听说了他和无政府主义者的关系的某些细节。

我和卡夫卡博士一起散步。我们从老城广场拐入盖斯特街，经过慈悲兄弟教堂到了伏尔塔瓦河，然后向左拐，穿过议会前广场，沿克罗茨赫伦街走向查理大桥，从那里拐入卡尔街，返回老城广场。

我们散步时遇到了各式各样的行人，他们没有引起我们的注意。在艾吉蒂街和卡尔街交接的街角上，我们几乎和两个一看就是干那种行当的女人[2]相撞。一个圆脸，擦了很多白粉，红红的头发在头上盘了个鸟窝形发髻；另一个身材稍矮些，尖尖的耗子脸，外表像吉卜赛女人那样有些邋遢。

1 指 1920 年马勒斯自己印刷的诗集《我从边线来》。——雅诺施

2 指妓女。

我们避到墙边，但即便我们不避，她们也不会注意到我们。她们专心地谈论着刚才发生的一件事情。

“他抓住我的脖子，把我轰出门来。”黑发女人愤愤地说。

红发女人得意地说：“我说什么来着？你不能到那家馆子里去！”

“荒唐！老城咖啡馆[1]和任何一家大众酒馆一样，谁都进得！”

“可不是你去的地方！你不能进去。因为你狠狠地打过胖爱玛！”

“那是她自找的，这头猪！”

“她是个臭娘儿们，可是咖啡馆的看门人是她老子，所以他把你轰出来了。”

“他真是个拉瓦荷尔，你瞧瞧，他怎样一把抓住我……”

两个女人走进一所过道式房子，不见了。

“您听见她用的那个词了吗？”卡夫卡问我。

“您是指‘拉瓦荷尔’？”

“您知道这是什么意思吗？”

“当然！‘拉瓦荷尔’是布拉格的粗话，意思是爱动武的人、好斗的家伙、粗人。”

“对，”卡夫卡点点头，“这个词指的是这个意思，我也是第一次听到。可它原本是法国人的一个姓，音译成捷克文后，逐渐变成了表示某种性质的捷克文名词。”

---

1 当时颇有名的夜总会，20 世纪 20 年代关闭。——雅诺施

“就像所罗门和希律王[1]？”

“对，差不多，”卡夫卡说，“拉瓦荷尔是法国无政府主义者。他的原名是弗朗茨·奥古斯丁·柯尼希斯泰恩。他不喜欢这个德国名字。于是他采用母亲的名字，按法文读成拉瓦舒尔。但布拉格普通的报纸读者却照本宣科读成拉瓦荷尔。很长一段时间，报纸经常登载有关他的文章。”

“这是什么时候？”

“1891 年到 1894 年之间。当时我还是个小男孩，我的捷克文家庭教师每天领着我穿过老城广场，沿泰因街经过肉市去学校。放学时，她通常又在校门口等我，但有时她来晚了，或者提前放学，这时我总是非常高兴，我就加入我们班那些调皮鬼的队伍，跟着他们向不会碰见家庭女教师的方向跑进羊市胡同，到了那里通常总要打斗一通。”

“您总是不参加的吧？”我不由自主地用坚信的语气爆出了这么一句，因为我无法想象卡夫卡博士当学生时能和其他人一起打群架。

可是卡夫卡博士笑了，头往后一扬说：“您问我是否参加了这些群架？虽然我没有打架的经验，心里也害怕，但我总是挤进扭打成一团的人群，向我的同学表明，我不是他们所说的娇生惯养的宝贝疙瘩，而且我也不想站在一旁，被人看成个软弱的犹太男孩。然而事与愿违，我没能使他们信服，我通常都是挨揍。结果，我总是哭肿了眼，满身泥污地回家，衣服扣子掉了，领子被

1 所罗门，约公元前 960—约前 930 年时以色列和犹太国王；希律王，公元前 37—前 4 年时犹太国王。

撕得粉碎。当时我们就住在这里。”

卡夫卡博士在舒伯特楼巴洛克式门口旁的小广场上停下脚步，点了一下头，示意我看对面那排房子中显得突出的中世纪式米努塔楼，这幢楼紧靠着把老城广场和小广场分开的市政厅。“我父母住在楼上，但他们只是晚上才在家里，白天他们在店里。他们把家务交给了厨娘和我的家庭女教师。每当我打完架，又脏又破，哭着回家时，她们总是很激动不安。女教师来回绞着手，哭着威胁说，她要把我的过错报告给我的父母，但她从来没有这样做过。相反，她和厨娘一起尽快地消除掉我身上打架留下的痕迹。这时，厨娘嘟嘟哝哝地说了几次这样一句话：‘你真是个拉瓦荷尔！’我不知道这是什么意思。我问她，她却只是说：‘你就是这种人，你是个真正的拉瓦荷尔！’这样，她就把我归入我自己也不清楚的某一类人中了。她使我成了某个神奇秘密的组成部分，这秘密让我感到害怕。我是个拉瓦荷尔！这个字眼像可怕的符咒那样震慑住了我，使我紧张得无法忍受。为了摆脱这种压力，一天晚上趁父母在起居室里打牌的机会，我问他们什么是拉瓦荷尔。父亲连头也没有抬，继续看着牌说：‘拉瓦荷尔是罪犯、杀人凶手。’我当时的神情肯定非常吃惊，很难看，因为母亲很担心地问我：‘你从哪儿听来的？’我支吾了一句什么。厨娘认出了我是个罪犯，这种意识使我舌头发硬，说不出话来。母亲探询似的看着我的脸。她把牌放到桌子上，准备审问我，可是父亲还想继续打牌，就粗声粗气地说：‘还能从哪儿听来？不是在学校里就是在街上呗！现在到处都在谈论这些家伙。’我母亲接着说：

‘可不，对这帮歹徒谈论得太凶了。’这时，父亲啪的一声打出一张牌：‘王。’趁这当儿，我愕然地溜出了房间。第二天早上，我发起烧来。请来的医生诊断为喉炎，给我开了药。女教师拿着药方去药店买药时，厨娘坐到了我床上。她是个又高又胖的好心肠女人，我们都叫她安娜太太。她抚摩着我放在被子上的手说：‘别害怕，会好的。’我却把手抽回，放进被子里，问她：‘为什么我是罪犯？’厨娘瞪圆了眼睛，说：‘罪犯？谁说的？’‘您！就是您说的！’‘我？’安娜太太把拳头放在隆起的胸前，生气地说：‘这是从哪里说起？’可我说：‘这一点不假，您把我叫作拉瓦荷尔。这是罪犯的意思，我父亲这么说的。’听了这话，安娜太太在头上把双手合在一起，哈哈笑着解释：‘哈，拉瓦荷尔，这我说过。可是我这么说一点恶意也没有。拉瓦荷尔——大家都这么说说而已。我当时一点也不想侮辱你。’她抚摩我的脸颊，安慰我。我却扭过头，冲着墙。不一会儿，女教师买了药回来。我们再也没有提过拉瓦荷尔这个名字，但它却像一根刺那样留在我身上，或者说像一根断了的钉子尖在我身上移动。喉炎好了，但我依然是遭了内伤的病人，是个拉瓦荷尔。从外表上看，什么也没有变。家里人还像从前那样对待我，但是我知道，我是个被开除的人，是罪犯，简言之，是个拉瓦荷尔。这改变了我的整个态度。我不再参加男孩子的打架斗殴，每次都乖乖地跟着女教师回家。我不能让别人发现，我原来是个拉瓦荷尔。”

“这可真是荒唐！”我脱口而出，“时间肯定会把这些东西冲得一干二净。”

“完全相反！”卡夫卡苦笑着说，“没有什么别的东西比这种毫无根据的负罪感更牢固地黏附在我的灵魂里，正因为它没有真实的理由，所以不管悔恨也好，还是弥补也好，都无法消除这种负罪感，因此，即便我后来似乎早就忘了厨娘那件事，也听说了这个词的真正意思，我依然是拉瓦荷尔。”

“您研究了拉瓦荷尔的一生？”

“是的！不仅仅研究了他的一生，还研究了其他许多无政府主义者的生平。我深入探究了葛德文[1]、蒲鲁东、施蒂纳[2]、巴枯宁、克鲁泡特金、塔克尔[3]和托尔斯泰的生平和观点，参加了许多不同的社团和集会，为此事花了不少钱和时间。1910年，我参加了捷克无政府主义者在卡林区的‘大炮十字架’餐馆[4]举行的集会，在这里，无政府主义的青年俱乐部伪装成曼陀林俱乐部。马克斯·布罗德陪我去参加了几次这些集会，其实他对集会并无兴趣。他把它们看作青年人的某种政治上的迷惘。对我来说，这却是非常严肃的事情。我在追寻拉瓦荷尔的行踪。这些活动使我后来与埃里希·米萨姆[5]、阿图尔·霍里彻尔[6]以及维也纳无政府主义者鲁道夫·格罗斯曼发生了关系，后者自称皮埃尔·拉莫，出版

---

1 葛德文（William Godwin，1756—1836），英国作家、社会思想家。

2 施蒂纳（Max Stirner，1806—1856），德国哲学家，主张唯我论，无政府主义的前驱者。

3 塔克尔（Benjamin Tucker，1854—1939），美国无政府主义者，蒲鲁东著作译者。

4 “大炮十字架”餐馆在20世纪初是捷克无政府主义者聚会的场所，在捷克反军国主义的“青年同盟”一案中曾起过重要作用。马克斯·布罗德和卡夫卡都曾参加在该餐馆举行的集会。——雅诺施

5 埃里希·米萨姆（Erich Mühsam，1878—1934），奥地利社会主义诗人、剧作家。——雅诺施

6 阿图尔·霍里彻尔（Arthus Holitscher，1869—1941），奥地利印象派作家。——雅诺施

《共同富裕》杂志。他们都企图不借助上帝的仁慈而实现人间幸福。我理解他们。然而……”卡夫卡抬起双臂，又像折断的翅膀那样无可奈何地垂下，“我不能再和他们并肩前进了。我依然和马克斯·布罗德、费利克斯·韦尔施和奥斯卡·鲍姆[1]在一起。他们离我更近。”

他站住了。我们已经到了他住的房子前。他沉思着对我笑了一两秒钟，然后轻轻地说：“和我一样，所有犹太人都是被开除出社会的拉瓦荷尔。我现在依然感觉到在我回家的路上，那些恶少加于我的拳打脚踢，但是我不能再去斗殴了。我已经没有年轻人的力量。保护我的家庭女教师呢？这我也没有了。”

他跟我握手。“已经很晚了。晚安。”

我给卡夫卡带去新的一期《火炬》杂志（由卡尔·克劳斯在维也纳出版）。

“他把新闻记者批得妙极了，”他一边翻，一边说，“只有狡猾的偷猎者才能成为这样一个严厉的护林人。”

“卡尔·克劳斯揭露维也纳国家剧院的戏剧顾问格奥尔格·库尔卡是剽窃者[2]。您对此怎么看？”

“这有什么。这只是大脑皮质里的一个小错误，如此而已。”

---

1 奥斯卡·鲍姆（Oskar Baum，1883—1941），作家，双目失明后当音乐教师。主要写作自传体作品，重要的有《岸边生涯——今天的盲人生活》《黑暗中的生活》等。——雅诺施

2 格奥尔格·库尔卡曾将让·保尔的《美学入门》中的一部分稍作改动，作为自己的作品发表在《国家剧院报》上。——雅诺施

我们谈论阿尔弗雷德·波尔加[1]经常发表在《布拉格日报》上的优美隽永的小文章。

卡夫卡说："阿尔弗雷德·波尔加写得那样轻松自然，我们读他的文章仿佛觉得他在和我们亲切交谈，不知不觉地受到了影响和教育。轻松淡雅的形式包含着一种坚定无畏的意志。波尔加是市侩王国里一个小小的却很有才干的马加贝厄[2]。"

弗朗茨·卡夫卡还给我弗朗西斯·亚默诗集[3]时说："他非常质朴、幸福、强大。对他来说，生活不是发生在黑夜的事件。他根本不知道何为黑暗。他和他的整个世界都在上帝强有力的大手的保护之中。他就像孩子称呼家里人那样，用'你'称呼可爱的上帝。因此他永远年轻。"

吕迪亚·霍尔茨纳尔送我一本阿尔弗雷德·德布林[4]描写中国的小说《王伦三跳》。我把书给卡夫卡看，他说："这是当前德国小说家中的新星。他的作品，除了这第一本书，我只读过几篇短篇小说和一本奇特的爱情小说《黑色帘幕》。德布林给我的印象是，他仿佛要把看得见的世界理解为非常不完整的东西，他不

---

1 阿尔弗雷德·波尔加（Alfred Polgar，1875—1955），评论家。——雅诺施

2 马加贝厄，古代犹太祭司家族。

3 指恩斯特·斯塔特勒尔编译的弗朗西斯·亚默诗选《恭顺的祈祷》，1913 年由库尔特·沃尔夫出版社出版。弗朗西斯·亚默（Francis Jammes，1868—1938），法国诗人。——雅诺施

4 阿尔弗雷德·德布林（Alfred Döblin，1878—1957），德国小说家。作品《王伦三跳》（1915）和《黑色帘幕》（1919）由柏林费舍尔出版社出版。——雅诺施

得不用他创造性的笔加以补充。这只是我的印象。您好好阅读的话，也会产生这种看法的。”

弗朗茨·卡夫卡既然这么说了，我就找来阿尔弗雷德·德布林的小说《黑色帘幕——关于言论和偶然事件的小说》读起来。

我和卡夫卡谈起这本书，他说：“我不懂这本书。几件我们不知道其因果关系的事件一起发生，我们称之为偶然，但是，没有原因就没有世界，所以说，偶然实际上并不存在于世界中，而只在这里……”卡夫卡用左手碰了碰前额，“偶然只存在于我们的头脑里，在我们有限的感觉中。它们是我们认识的局限性的反映。反对偶然的斗争始终是一场反对我们自己的、我们不可能取得完全胜利的斗争，但是这本书里丝毫没有这种内容。”

“那么说，您对德布林感到失望？”

“我只是对自己失望。我期待得到的东西也许是他不愿给的。我的固执的期待使我迷惘朦胧，以致我在阅读时整段整页地跳过去，最后整本书都跳了过去，所以对这本书我说不出什么。我是个很坏的读者。”

弗朗茨·卡夫卡看见我有一本阿尔弗雷德·德布林的《谋杀黄花植物》[1]时说：“把肉食文化方面的一个日常概念和娇美的花名联系在一起，听起来真奇怪。”

1 德布林著《谋杀黄花植物及其他小说》1913 年在慕尼黑和莱比锡出版。黄花植物指蒲公英、毛茛等。

《布拉格新闻》的星期日版连载了弗朗茨·布莱[1]的文章《文学大动物园》。作者把许多作家和诗人写成鱼、鸟、鼹鼠、兔子等。关于卡夫卡，布莱说他是一只以苦根为食物的特别的鸟。

我询问卡夫卡对弗朗茨·布莱的看法。

"布莱是马克斯·布罗德多年的好朋友，"他笑着说，"人很聪明、很诙谐。我们和他在一起时总是很快乐。世界文学穿着衬裤从我们桌旁列队经过。布莱比他写的东西还要聪明伟大。这也很自然，因为这只是信手写下的消遣性东西。从脑袋到笔的路比从脑袋到舌头的路长得多、难得多。在诉诸文字时，有些东西就失去了。弗朗茨·布莱是迷了路来到德国的东方逸事作家。"

卡夫卡看见我有一本约翰内斯·R. 贝歇尔的诗集时说："我不懂这些诗。诗里充斥了喧闹，挤满了词句，使人无法摆脱自己。诗句没有成为桥梁，而成了不可逾越的高墙。人们不断撞到形式上，根本无法突进内容。语句在这里并没有凝聚成语言。那是叫喊，如此而已。"

卡夫卡博士让我看放在他桌子上的两张传单。一张由"捷克斯洛伐克军团士兵全国委员会"拟写，致全民族的；另一张署名为"捷克社会民主党左翼"，号召"工人阶级举行大规模的五月游行"。

---

1 弗朗茨·布莱（Franz Blei，1871—1942），《文学与藏书》杂志的创办者和发行人，翻译家。——雅诺施

卡夫卡博士问我："您对此怎么看？"

我很窘迫地沉默不语，不知道该怎样评价这两张传单。

卡夫卡知道我不说话的原因，就不等我回答，自己解释道："这两张出自两个政治上对立的阵营的传单有共同的地方。它们的接收对象都是不现实的。民族和工人阶级都是抽象的概括，教条概念，模糊的现象，只有通过语言行为才能把握。这两个概念只是作为语言新词语才是真实的。它们的生命存在于说话中，存在于人的内部世界，而不在人的外部世界。真实的只能是具体的、真实的人，是上帝置于我们面前挡住去路、我们直接受其影响的人。"

我接过话茬儿："如同司炉被置于年轻的卡尔·罗斯曼面前，挡住他去路一样。"

"是这样，"卡夫卡点点头，"如同每一个具体的人那样，这是外界的使者。抽象的东西只是自己的热情的歪曲图像，是从内部世界的地牢里出来的鬼怪。"

我得到了切斯特顿[1]的两本书，《正教》和《名叫星期四的人》。卡夫卡说："他写得那么诙谐有趣，我们几乎要相信，他找到了天主。"

"那么说，对您来说，笑是虔敬的一个标志？"

"不是永远如此，可是在现在这样一个不信上帝的时代，我

1 切斯特顿（Gilbert Keith Chesterton，1874—1936），英国作家，写作诗歌、政论、侦探小说。他在政治上是自由党员，在宗教上是天主教徒。

们必须快乐。这是义务。船上乐队在下沉的‘泰坦尼克号’上一直演奏到沉没。人们以此挖掉绝望的根基。”

“可是痉挛性快乐比公开承认的悲伤还要可悲得多。”

“这话很对，但是悲伤是绝望的，而这里的问题是前景、希望、前进。危险只在于短暂的有限的片刻。过了这一时刻就是深渊。克服了深渊，一切就都不同了。关键就在这一片刻，它决定一生。”

我们谈论波德莱尔[1]。

“创作是疾病，”弗朗茨·卡夫卡说，“但是热度退掉，人还不能康复。相反！烈火能净化灵魂，照亮道路。”

我借给卡夫卡博士马克西姆·高尔基所著《回忆列夫·尼古拉耶维奇·托尔斯泰》的捷克文译本。

卡夫卡说：“高尔基刻画了一个人的性格，而没有发表他的评价，这真令人感动。我很想读一读他写列宁的书。”

“高尔基已经发表了列宁回忆录？”

“不，还没有，但我想，他肯定会发表的。列宁和高尔基是朋友。对于任何事物，高尔基都只通过他的笔观察、感受。这一点，从这些写托尔斯泰的文字里可以看出来。笔不是作家的工具，而是他的器官。”

---

1 波德莱尔（Charles Baudelaire，1821—1867），法国诗人，主要作品有《恶之花》《散文诗集》等。

我引了格鲁塞曼论《群魔》作者的一本书[1]中的一句话："陀思妥耶夫斯基是一个流血的童话。"卡夫卡听后说："没有不流血的童话。每个童话都来自血液和恐惧的深处。这是所有童话共同的地方。表面是不同的。北方童话不像非洲黑人童话那样有许多想象中的动物，但是核心、渴念的深度是相同的。"

后来，他推荐我阅读弗罗贝尼乌斯编选的非洲民间故事和童话集[2]。

海因里希·海涅。

卡夫卡说："一个不幸的人。德国人过去和现在都责备他有犹太味，其实他是德国人，而且是个与犹太人传统和作风有矛盾的小小的德国人。这正是他身上典型的犹太味。"

第一次世界大战前和战争期间，我父亲订了许多德文和捷克文报纸与杂志。其中有一份《维也纳皇冠报》，这是一份廉价趣味小报，第一版上常登载一些生动有趣的钢笔画，使我非常着迷。

这里可以看到大公爵，着火的饭馆，皇帝阅兵式，刚刚投入使用的齐柏林[3]飞艇的空袭，从马上摔下的哥萨克，苏格兰风笛演

1 米夏埃尔·格鲁塞曼著《陀思妥耶夫斯基》作为哲学丛书之一，1921 年由慕尼黑罗塞尔出版社出版。——雅诺施

2 弗罗贝尼乌斯编选的《亚特兰蒂斯——非洲民间童话和民间创作》十二卷于 1921—1928 年在慕尼黑出版。亚特兰蒂斯是传说中沉于海底的岛国名。——雅诺施

3 齐柏林（Ferdinand von Zeppelin，1838—1917），德国工程师和企业家，制造了世界上第一架有实用价值的飞艇。

奏者，谋杀和破门入室镜头，裤子烫得笔挺、小胡子上翘、冲入着火的房子的救险者，手执手枪和佩带军刀的警察，获奖的狗和马，戴着像水果盘子一样的帽子、披着羽毛围巾的女士，还有许多其他耸人听闻的画面，所有这些画揭开了隐蔽的时代面目。

我把《皇冠报》上我感兴趣的第一版收集起来，到1918年夏天请人装订成一本，加上彩色大理石花纹封面。我很自豪地把这本书放在书架上。三年以后，我们在谈论一个现代作家时——名字我已记不得了——卡夫卡博士顺便发表了如下看法：一个作家的色彩和音调总“取决于他青年时代的祭坛画”。这时我笑起来，说：“我的祭坛画是《皇冠报》提供给我的。”

下一次见面时，我把装订好的第一版带给卡夫卡博士看。卡夫卡很感兴趣地翻看着，眯起眼睛观看女士们头上的水果盘和花盘，翻到俄国革命镜头时多看了一会儿，而看到一个维也纳妓女在床上被肢解了的尸体时，他摇了摇头，非常震惊地说：“呸，多么不堪入目！”

我说：“这是图画大拼盘——五花八门又充满矛盾，就像生活本身一样。”

然而卡夫卡却摇摇头回答：“不对，这不对。这些画与其说是揭露，毋宁说是掩盖。它们不是通向一切矛盾互相取得协调一致的深处。这里，对某一件事的描绘只是赚钱的手段。在这层意义上，《皇冠报》的画比过去集市上粗俗的木刻画还露骨、还卑劣。那些木刻画还给人某种想象的刺激，人们借助这种想象可以超脱自己。这些报纸则不这样做。它们折断了想象力的翅膀。这是很自然的。图画技术越完善，我们的眼睛就越弱。仪器麻痹了器官，光学、声学、交通，无不如此。由于战争，美国来到了欧洲。大陆互相交错到了一起。一点火星在瞬息之间就把人的声音传遍了地球。我们不再生活在狭窄有限的空间，而是生活在一颗小小的、无望的星球上，被亿万个大大小小的世界所包围。宇宙像喉咙那样张开。在它的喉管里，我们一天一天地失去我们个人的行动自由。我想，用不了多久，我们连走出自己的院子也一定得有一张特别通行证才行了。世界变成了隔离区。”

我小心地说：“这是不是有些夸张？”

卡夫卡摇摇头说：“不，一点不夸张。这一点我已经在这里的劳工工伤保险公司里看到了。世界向我们敞开，但我们却被赶进了纸张堆成的狭窄深谷中。保险的只有我们目前坐着的椅子。我们按照尺子的直线生活，虽然我们每个人其实都是迷宫。办公桌都是普洛克路斯忒斯之床[1]，可我们不是古典英雄，因此，尽管受苦，我们只是悲喜剧人物。”

在谈论莱昂哈德·弗兰克的《人性本善》[2]一书时，弗朗茨·卡夫卡说：“大多数人本不坏。人们说话、行动，而不去设

---

1 普洛克路斯忒斯，希腊神话中的强盗，他开设黑店，拦劫行人，将投宿旅客一律安置在一张床上，将身高者截其足，将身矮者拉长，以适应床铺长度。喻指强求一切事物适应一个模式。

2 莱昂哈德·弗兰克（Leonhard Frank，1882—1961），德国小说家，1933—1955年流亡国外。他的中篇小说集《人性本善》于第一次世界大战结束前（1918）在苏黎世和莱比锡由拉舍尔出版社出版，一战结束后成为德国和平运动的宣言书。

想自己的言行的后果，这样他们就变坏了，变得有罪了。他们是梦游者，不是坏蛋。”

卡夫卡情绪很好。

“您容光焕发。”我说。

卡夫卡微微一笑。“这只是借来的光。亲切的话语的余晖。一个好朋友，路德维希·哈尔特到了布拉格。”

“就是那位将在产品交易所朗诵的朗诵家？”

“是，就是这位路德维希·哈尔特。您认识他？”

“不，我不认识他。我只是在报纸的广告里看见过。再说，我对这种朗诵不感兴趣。”

“路德维希·哈尔特一定会使您感兴趣的。他不是个傲慢的杂耍家。路德维希·哈尔特是语言的仆人。他唤醒了沉没在旧习的灰尘下的文学作品，赋予它生命。他是个了不起的人。”

“您是怎么认识他的？”

“我是在十年前由马克斯介绍认识他的。第一次见面，我就听他讲了一个晚上。他具有很大的魅力。那么自如、洒脱、有力。他是北方什么地方的人，典型的犹太人，但他一点没有陌生人的味道。我第一次见到他就感觉他是个老朋友似的。他简直是个魔术师。”

“为什么说是个魔术师？”

“这我也不知道。他能唤起一种强烈的自由的感觉，因此他是个魔术师。我们一起去听他的朗诵，我负责搞票。”

在哈尔特朗诵前，我们在产品交易所大楼的阶梯上遇见了诗人鲁道夫·福克斯[1]。我们和他一起站在前面入口附近。卡夫卡专注地听艺术家朗诵，但他脸上显出郁郁不乐的神情。我发现，他很难把注意力集中到节目上。

休息时，鲁道夫·福克斯离开了一会儿，我趁机问道："您是不是觉得不好受，博士先生？"

卡夫卡蹙起眉毛。"我难道和别人不一样？我身上有什么特别引人注意的地方？"

"那倒没有。只是您有些异样。"

卡夫卡抿紧了嘴唇笑了笑。"用身体不适做托词其实很容易。可惜这种情况并不存在。我身上只感到一种极度的疲乏和空虚，一旦被什么东西吸引陶醉，我就会产生这种疲乏空虚感。也许我没有想象力。一切事物都飘然离去，只留下毫无慰藉的灰色牢笼。"

我不理解他的话的全部意义，但是鲁道夫·福克斯回来了，使我无法提问。朗诵结束后，我就向卡夫卡告辞，他和福克斯、韦尔施、布罗德夫人以及其他人一起等着哈尔特。

第二天我到办公室看弗朗茨·卡夫卡。他相当沉默寡言，根本不谈在产品交易所的朗诵晚会。后来，我说起我读过鲁道夫·福克斯的诗集《商队》和奥托卡·布热齐纳[2]颂歌的译本时，

---

1 鲁道夫·福克斯（Rudolf Fuchs，1890—1942），布拉格 H. 梅尔茜出版社负责人之一。他于 1913 年出版了第一本诗集《流星》。1918 年，莱比锡库尔特·沃尔夫出版社出版了其诗集《商队》。该出版社也曾出版福克斯译的布热齐纳等人的诗作。——雅诺施

2 奥托卡·布热齐纳（Otokar Březina，1868—1929），捷克象征主义诗人。

他才活跃了一点，并说："鲁道夫·福克斯是个非常恭顺的读者，他不仅把每一本好书，而且把诗人的每一句真诚的话都高高地置于自己谦恭的心灵之上。所以他是个优秀的翻译家、不轻易落笔的作者。他的《商队》介绍了外国作品的财富。他是语言的仆人。"

至于路德维希·哈尔特，我们再也没有谈论过。

我父亲送我格奥尔格·特拉克尔的诗集作为生日礼物。

弗朗茨·卡夫卡告诉我，特拉克尔为了逃避可怕的战争，服毒自杀了[1]。

"这是以死开小差。"我说。

"他的想象力太强了，"卡夫卡说，"因此他不能忍受主要由于极度缺少想象而发生的战争。"

我病了十天，卧床在家，没有去上学。我父亲给我带来卡夫卡博士的衷心问候和一本岛屿出版社出版的彩色封面的书：阿图尔·叔本华的《论写作和风格》。

我痊愈后过了几天到劳工工伤保险公司看望卡夫卡博士。他情绪非常好。我对他说，我生了这场病后好像比以前强壮了，这时他脸上露出一丝迷人的微笑。

"这是很自然的事，"他说，"您在与死神的一次遭遇战中获

1 特拉克尔 1912 年起在奥地利军队中任药剂师，1914 年参加第一次世界大战，残酷的战争使他几乎神经错乱，于同年服毒自杀。

胜了，这使人强壮。”

“人的一生只是通向死亡的道路。”我说。

弗朗茨·卡夫卡严肃地看了我一会儿，然后垂下眼睛，看着桌面，说：“对健康的人来说，生就是对人必有一死这种意识的无意识的、没有明言的逃遁。疾病总是警告，同时又是较量，因此，疾病、痛苦、病痛也是虔诚的极重要的源泉。”

“这话怎么讲？”我问。

卡夫卡微笑着说：“犹太人的虔诚。我受我的家庭、我的民族的影响，他们的生命比个人的长，但这也不过是约束死亡的企图而已。这只是一种愿望，但是人们并不能因此而获得认识。相反，非常自私的小我通过这个愿望把自己置于寻求真理的自我之上。”

“您在读什么？”卡夫卡问。

“《塔什干——面包丰富的城市》[1]，作者是……”

他没有让我说完。“这本书妙极了。不久前我用一个下午的时间读了这本书。”

“我看，这本书与其说是艺术品，倒不如说是文献。”我说。

“每一件真正的艺术品都是文献和见证。”卡夫卡严肃地说，“一个民族有书里所描写的那样的男孩子太好了，这样的民族是不可战胜的。”

---

1 亚历山大·涅弗罗所著《塔什干——面包丰富的城市》的德译本 1921 年由柏林马立克出版社出版。——雅诺施

“这也许并不取决于单个的人。”

“相反！材料的性质是由原子里的电子数决定的。群体的水平取决于每个个体的意识。”

我走进卡夫卡博士办公室时，他正在清理办公桌。桌子上右边放着高高的一堆书籍、杂志和公文，桌子旁边摆着一把为来访客人预备的椅子。卡夫卡博士隔着书堆向我示意：“我从我的纸牢里向您致意。”

“我是不是打搅您了？”

“哪里！一点不碍事，请坐。”

我在为客人预备的椅子上坐下，说：“这真是公文之林了，您完全被它埋住，看不见了。”

我听见卡夫卡博士哈哈笑了一声，然后说：“那就一切都妥帖了。写下来的东西照亮了世界，而让写作者消失在黑暗中。好，不说它了！”

他拉出中间的抽屉，打开两边的小抽屉，把书籍杂志等塞到抽屉里。

我想帮他整理。当我给他递过去一个公文夹时，他却摇摇头，说：“您不用管了。要是您帮忙，我们会非常偶然地把东西整理得井井有条，那将是个不幸。那样我就会突然陷入困境。我会因此失去对每一个职员的良心都很重要的借口：妨碍我完成交给我的工作的不是我缺少办公意识，而是我的办公桌凌乱无比。如果那样，就是一个可怕的发现，我一定得避免这种发现。因此我一定要小心地保持我办公桌的凌乱。”

为了证明这一点，他把中间的抽屉砰的一声推进桌子，用低沉夸张的阴谋家的语调说：“我抱怨办公室和我周围的环境杂乱无章，这只是我企图掩盖自己的生活无所寄托、逃避周围的人那惩戒而好奇的目光的妙计。实际上，只有杂乱无章，我才能生活；唯其凌乱无比，我才窃得最后一点点个人自由。”

我陪卡夫卡离开办公室回家。那是一个风雨交加的寒冷的秋日。卡夫卡在阶梯上对我说，遇上这种天气，他在街上大概说不了话。

“没有关系，”我答道，“我们会互相理解的。”

但是，我们刚跨出劳工工伤保险公司的大门，卡夫卡就突然弯下身子，猛烈地摇晃起来，画了一个大大的罗马十字，搞得我莫明其妙。

卡夫卡看着我惊讶的脸色大笑起来，走回大楼对我说：“我刚才说了句捷克文——‘Sakramentská velká zima![1]’弯腰是表示震慑我的巨力，颤抖是表示寒冷的古老方式，而十字就是圣礼。”

出于某种我自己也说不清楚的原因，我不喜欢卡夫卡的这种开朗情绪，于是就说：“画十字不等于圣礼。”

他把手放到我的肩上。“只要心诚，不仅每个符号，就连每个最细小的动作都是神圣的。”

---

1 意为：“他妈的真冷！”Sakramentská 意为“圣事，圣礼”，同时又有“该死！见鬼！”的意思。

1919年，我曾和在布鲁克斯附近的上格奥根塔尔当铁路职工的哥哥汉斯漫游了厄尔士山区[1]。我向卡夫卡讲述了山区里花边织工和玩具工匠的贫困生活。我在讲述结束时说："贸易和工业，卫生和食品供应，这一切都糟透了。我们生活在一个被毁的世界里。"

卡夫卡却不同意我的看法。他把下唇向里抿紧，用牙齿按摩了一会儿下唇，然后很确定地说："这话不对。倘若一切都已毁坏，那么我们就达到了一个新的发展阶段的起点，但我们还没有到这个地步。把我们引到这里的道路已经消失。因此，迄今为止的一切前景也都破灭了。我们只能毫无希望地滑下去。您向窗外瞥一眼就看到世界。人们往哪里跑？他们要做什么？我们已经无法认清事情的意义关联。尽管人群拥挤，但每个人都是沉默的、孤独的。对世界和对自己的评价不能正确地交错吻合。我们不是生活在被毁坏的世界，而是生活在错乱的世界。一切都像破帆船的索具那样嘎吱作响。您和哥哥看到的贫穷只是某种深重得多的苦难的表面现象。"

卡夫卡博士直视我的眼睛，仿佛担心地问我："您懂我的话吗？我是不是把您搞糊涂了？"于是我赶紧提了一个问题："您指的是社会的不公正？"

但卡夫卡绷紧了脸，叫人琢磨不透。他说："我指的是公正的衰落。我们大家都参与其中。我们能感觉到它。许多人甚至知

1 厄尔士山脉位于德捷边境。

道它，但谁也不愿承认我们生活在不公之中，因此我们发明遁词。我们谈论社会的、心灵的、民族的以及其他种种不公，为的是美化那唯一的罪责，我们自己的罪责。'不公'这个词是什么意思？'不公'是'我们的公正'这几个字的连写[1]。只对我一个人适用的公正是暴力准则，是不公。社会不公这个名称只是无数掩盖真相的手段之一。"

我摇摇头说："博士先生，我不能同意您的话。我看见了厄尔士山区的苦难。那些工厂……"

卡夫卡打断我的话："工厂只是增加利润的机构。这里我们只起次要作用。最重要的是金钱和机器，人只是增加资本的老式工具，是历史的残余物，人在科学上极有限的能力很快就会被能思想的机器人所取代。"

我轻蔑地叹了口气说："唉，这是 H. G. 威尔斯[2]所喜爱的幻想。"

卡夫卡用坚定的声音说："不，这不是空想，而是现在就在我们面前露出苗头的未来。"

卡夫卡是犹太复国主义的坚定信徒。

我们第一次谈论这个话题是在我 1920 年春天到农村短暂逗留后回到布拉格的时候。当时，我到卡夫卡的办公室看望他。他

---

1 德文"不公"一词为 Ungerechtigkeit，"我们的公正"为 unsere Gerechtigkeit。

2 H. G. 威尔斯（H. G. Wells，1866—1946），英国作家，写作具有社会批判性的科幻小说，如《时间机器》等。

情绪很好，很健谈，而且给我的印象是，他对我的突然来访确实很高兴。

“我认为您在遥远的远方，而实际上您就在跟前。您不喜欢赫鲁默茨[1]？”

“喜欢，不过……”

“不过这里更美，是吧？”卡夫卡脸带笑容说。

“这您知道，家总归是家。这到底不一样。”

“在家里总是不一样的，”弗朗茨·卡夫卡目光像被梦蒙住一样说，“倘若人们自觉地生活，清醒地意识到他为其他人所承担的责任和义务，那么老家总是不断地具有新意。究其根本，人只因承担责任才是自由的。这是生活的真谛。”

“没有自由的生活是无法忍受的。”我说。

弗朗茨·卡夫卡看着我，仿佛要说“慢着，慢着”。他苦笑了一下说：“这话似乎很有说服力，以至于我们几乎相信它，可是在实际生活中要难得多。自由是生。不自由总是致命的，但是死也与生一样真实。严重的是我们听凭生和死两者的摆布。”

“因此您把一个民族的依附关系看作死亡的征象。1913 年的捷克人不像 1920 年的捷克人那样有生气，因而也就更坏。”

“我可没这样说，”卡夫卡反对我的看法，“我们不能将 1913 年的捷克人与 1920 年的捷克人这样截然分开。现在的捷克人有了更多的机会。因此可以说，他们可能会好得多。”

---

1 即作者逗留过的农村。

“您这话我不太懂。”

“我无法对您讲得更清楚了，也许我在这件事上对自己也说不清楚，因为我是犹太人。”

“为什么，这与犹太人有什么关系？”

“我们刚才谈论1913年和1920年的捷克人。这在一定程度上是个历史话题，而谈到历史话题，我要这样说的话，一个现代犹太人的缺点马上就显露出来。”

我也许露出了十分迷惑不解的神情，因为从卡夫卡的声音和身体姿势判断，此刻他关注的主要不是所谈的事情本身，而是我是否理解。他身体前倾，轻声地然而非常清楚地说：“今天，犹太人已经不再满足于历史，即时间上的英雄故乡。他们渴望得到一个空间上的小小的、通常的家。越来越多的犹太青年回到巴勒斯坦。这是回到自身，追寻自己的根，回到生长之地。故乡巴勒斯坦对犹太人来说是必要的目的地，而捷克斯洛伐克对捷克人来说是出发地。”

“类似机场那样的地方。”

弗朗茨·卡夫卡把头侧向左肩。“您以为能飞行吗？我仿佛看见了过于偏离基础、偏离自己的力源的飞行。我从未听说过，一只雏鹰只凭对遨游水中的鲤鱼的坚持不懈的观察就能学会真正的飞翔。”

和卡夫卡博士沿伏尔塔瓦河散步，走向民族剧院。从那里走到护城河，向左经过矿工街和艾森胡同回到老城广场。在路上我们遇见了和我同窗几年的弗朗茨·P.，他是个优秀生和“自以为是的人”。我们匆匆打了个招呼就走了过去。然后，我向卡夫卡博士讲述了我们这帮调皮捣蛋的学生怎样不喜欢P.，怎样找茬儿痛打他。

最后我说：“这是很久以前的事了。我们后来和P.和解了，甚至站在他一边反对其他孩子。”

“结局如何？”卡夫卡很客观地问我。

“我看结局是好的，”我答道，“起先双方都打得鼻青脸肿，但时间不久，那些小子就明白，他们不能随便打我们，拿我们开心，于是他们就停止了敌对行动。”

“这么看来，进攻力量与防御力量是势均力敌的。”卡夫卡博士说。

我点点头说：“是这样，他们避开我们。”

卡夫卡博士从喉咙里发出一声轻微的笑声，然后说：“这是一个重大的胜利。迫使敌人保持一定的距离，这也许是我们能取得的最大胜利。因为我们不能期待彻底消灭恶。彻底消灭恶只能是荒唐的梦想，非但不能削弱恶，相反只能增强恶的力量，使它更快地发生作用，因为有了这种幻想，人们就会看不见恶的真实存在，把现实编织成自己的、充满迷惑人的愿望的想象。”

我们在卡夫卡家门口停住脚步。他仰起头，看着房屋的门面墙问我：“您知道到我住的地方要走多少级台阶吗？”

“不知道。”

卡夫卡越过我头顶看着远处。“我也不知道，我从来没有数过。我不能这样做。假如我知道精确的级数，那么，我因为呼吸困难，也许每登一级都会吓得倒退。”他笑了笑，“最好还是面对疾苦，面对自己，逐渐使疾苦明朗，显现出来。”

卡夫卡博士严肃地看着我的脸。过了一两分钟，他移开目光说：“摧毁恶的梦幻只是一种因失去信仰而产生的栩栩如生的绝望感。”

由马萨里克[1]领导的捷克斯洛伐克第一共和国于1920年4月宣布举行第一次议会和参议院选举后，各党派展开了非常激烈的竞选斗争，谁都不能不闻不问。竞选斗争也成了我们的话题，因为卡夫卡的多年好友马克斯·布罗德作为捷克犹太复国党的候选人参加了竞选。这件事轰动了一时，因为大家只知道布罗德是批评家、小说家和文化学家，而不是真正从政的政治家。因此，大家对他发表在犹太复国主义报纸《自卫》上的文章表现了极大的兴趣。我父亲则认为，布罗德的党几乎不可能获得一个选区所需要的票数。在一定程度上，卡夫卡博士也同意这个看法。他说：“布罗德和他的政界朋友相信，犹太复国党肯定能在东斯洛伐克城市艾帕杰斯获得必要的票数。”

“您也这样看吗，博士先生？”

“说心里话，我不这样看。布罗德认为那里存在犹太复国主义者取得胜利的前提，他依据的是这样一个事实：战后，在艾帕

1 马萨里克（T. G. Masaryk，1850—1937），原为布拉格大学教授，第一次世界大战期间致力于捷克复国运动。1918年，捷克斯洛伐克共和国成立后，四次当选为总统。

杰斯有过一个只存在几天的捷克斯洛伐克苏维埃政府，主要因为得不到当地犹太人的支持而垮台。马克斯从这里得出犹太复国党有发展前景的结论。但是这个结论是完全错误的。像世界各地的犹太人一样，艾帕杰斯的犹太人并没有民族意识，而只有陈旧的宗族意识。他们只是内心是犹太人，而外表上，他们大多适应执政的合法政权。因此，艾帕杰斯犹太人不支持匆促拼凑起来的苏维埃政府。他们采取消极态度的根源不在于犹太民族主义，而主要在于犹太人依附强者的需要。我曾力图让马克斯·布罗德明白这一点。但他不理解我。他不懂得，在犹太复国主义中表现出来的犹太民族主义只是一种防御。所以，布拉格犹太复国主义党报就叫《自卫》。犹太民族主义无非是严厉地由外部迫使在严寒的夜晚穿越沙漠的商队聚拢在一起。这支商队不想占领什么。它只想到达一个有坚固篱笆围绕的家园，在那里，商队的男男女女有自由生活、发展自己的可能。犹太人渴望有一个家园，这种渴望不是那种从根本上说，无论在内心还是在世界上都是没有家园的，因而愤怒地掠夺他人家园的进攻性民族主义，因为这种进攻性民族主义——还是从根本上看——没有能力使世界消除荒凉。”

“您指的是德国人？”

卡夫卡不作声了；他轻轻咳了几声，用手挡住嘴巴，疲乏地说：“我指的是一切掠夺成性的族类，他们摧毁和洗劫世界，并不能因此扩大他们的统治范围，而只是束缚了他们的人性。与此相比，犹太复国运动只是回到自己的人类法则的艰辛摸索。”

我在贝格斯泰因的一幢很大的角楼里寻找犹太工人协会“工人复国协会”[1]的会场。当我在幽暗的院子里碰见一群人，向他们打听时，我非但没有得到答复，反而挨了几记耳光，我只好立刻逃走。我叫来警察时，院子里自然连人影也没有了。警察恼火地问我：“您找这些犹太人干什么？您可不是犹太人吧。”

我摇摇头说：“不是，我不是犹太人。”

“您看，”这位法律的卫士得意地说，“果然不错。您找这些贱坯子干什么？您应该庆幸只挨了几记耳光呢，现在回家吧。正经人不跟犹太人来往。”说完，他就转身走了。

几天以后，我向卡夫卡讲了这件事。

“随着犹太复国主义的发展，反犹主义也在增长，”他说，“犹太人的自省被看作对周围世界的否定。这样就产生了自卑感，人们很容易通过仇恨的发作使这种自卑感消失。当然，从长远看，这样做什么好处也没有。这是人每次犯错的根源，他选择的不是看起来很难达到的道德价值，而是显而易见的毫无价值的东西。”

“也许人只能这样做。”我说。

卡夫卡猛烈地摇摇头说：“不。人可以不这样做。原罪就是他有这种自由的证明。”

---

1 犹太复国运动内部犹太工人党的名称。该党产生于波兰和俄国，试图把犹太复国主义和社会民主党结合起来。

在谈论东欧犹太人小说集[1]时，弗朗茨·卡夫卡说："佩雷斯、阿施和其他东欧犹太人作家一向只写民间小说。这是正确的。犹太民族性并非仅是信仰的事情，而首先是一个由信仰决定的群体的生活实践的事情。"

我从友人莱奥·雷德勒那里得到一本带有插图的米开朗琪罗传记。我把书带给弗朗茨·卡夫卡看。他看了好一会儿摩西坐像那幅画，然后说："这不是领袖。这是个法官，严厉的法官。归根结底，人只能通过严厉无情的判决才能领导。"

我汗淋淋地到游泳学校游泳。结果我得了轻度肺炎。

当我又能外出时，我到保险公司拜访卡夫卡博士。他向我问好以后，用责备的口吻说："您怎么不克制一些。疾病是一个警告。您要多多保重。健康不是可以任意支配的个人财产。它只是借来的财富，是一种恩惠。大多数人不知道这一点。因此，他们不懂健康经济学。"

"他们满身汗水往水里跳。"我笑着说。

卡夫卡点点头说："是这样，他们耗尽了自己的精力。这就引发了疾病的警告信号。责任通常在于人们自己。但他们看不到这一点。相反，他们觉得责任在于生活。于是他们跑去找医务律

1 指阿图尔·朗茨贝格编选的集子《隔离区之书——犹太隔离区优秀小说选》。该书 1921 年由本雅明出版社出版。——雅诺施

师[1]，以便制止生活之恶。其实，疾病根本不是恶，而是警告信号，生活的助手。”

我迷惑不解地看着地面。

看到这情景，卡夫卡问我：“什么地方不中您的意？只管说出来。”

我有些不好意思地回答：“博士先生，正是您经常和疾病打交道，说起疾病来怎么这样客气，真叫人奇怪。”

“这一点不奇怪，”卡夫卡猛地做了个手势，大声说，“这很自然。我是个十分高傲的人，不愿充分感受生存的重力。我的父母相当富有，我是他们唯一的儿子。我想，生活是非常自然的事情。因此，疾病一再地向我预示了我的柔弱，充分显示了生的奇迹。”

“这么说，疾病原是一种恩惠。”

“是的，它给我们提供了经受考验的可能性。”

当他向我讲述德国和法国之行时，谈到了马克斯·布罗德：“这几次旅行加深了我们的友谊。这是很自然的事。到了陌生的环境，我们更加看清了我们有许多相通相近的地方。我想，这就是犹太人自嘲笑话的根。因为我们一起旅行，所以对各自的对方，比别人看得更清楚。”

在码头上散步。

1 指医生。

我问 Diaspora 这个词的含义。卡夫卡说，这是希腊文，意为犹太人散居各地，希伯来文为 Galut。

他说："犹太人像种子那样分散到了各地。就像种子吸收周围的养料，储存起来，促进自己的生长那样，犹太民族命中注定的任务是吸收人类各种各样的力量，加以净化，加以提高。摩西始终是现实的。就像阿比拉姆和达旦高喊'我们不上去！'反抗摩西那样，现在的世界用反犹聒噪抵制他们。为了不致上升到人性的高度，人们冲进了种族的动物学的黑暗深渊。他们打犹太人，也就是杀'人'。"

"犹太人和德国人有许多共同之处，"在谈到卡勒尔·克拉马日博士[1]时卡夫卡说，"他们都有进取心，能干，勤劳，都遭受其他民族的憎恨。犹太人和德国人都是被放逐的人。"

"也许正是由于他们有那些品质，他们才遭人憎恨。"我说。

但卡夫卡摇摇头。"哪里！这里的原因要深刻得多。归根结底是宗教原因。这在犹太人那里很清楚。至于德国人，人们还看得不甚清楚，因为他们的庙宇还没有被摧毁。但这种事将来会发生的。"

"为什么？"我对他的话感到惊讶，"德国人可不是神权统治的人民。他们在自己的庙宇里并没有本民族的上帝。"

"人们普遍这么看，可实际情况并不这样，"卡夫卡说，"德

1 卡勒尔·克拉马日（Karel Kramář，1860—1937），1894 年当选为青年捷克党议员，1918 年奥匈帝国解体后担任捷克斯洛伐克第一任总理。——雅诺施

国人有上帝，这上帝能让钢铁生长。他们的庙宇是普鲁士总参谋部。”

我们都大笑起来，弗朗茨·卡夫卡却坚持说，他这么说是非常严肃的，只是因为我笑了他才笑的，他是受了感染才笑的。

我从劳工工伤保险公司陪卡夫卡博士回家。我们这次不走策尔特纳胡同，而是越过护城河。然后，我们谈论一位擅长写作幻想小说和故事的、成绩卓著的奥地利作家新近推出的一部中篇小说集。

“他具有非凡的虚构才能。”我钦佩地说。

卡夫卡却只抿了抿嘴唇说：“虚构比发现容易。把极其丰富多彩的现实表现出来恐怕是世界上最困难的事情。各种各样的日常面孔像神秘的蝗群从人们身边掠过。”

我们现在站在布鲁克尔胡同和果子巷交接的街角，他沉思着看了一会儿瓦茨拉夫广场那边熙熙攘攘的人群。然后他说：“您看，什么人不在那里相遇？每一张脸都是一座碉堡。而另一方面，消失得最快的又莫过于人脸。”

我笑了笑说：“跳蚤和苍蝇很难抓。”

“是的，走吧。”卡夫卡点点头，转过身，沿着布鲁克尔胡同大步走下去。

我们到容曼广场看方济各会的“雪中圣母”教堂。这座教堂的礼拜堂是布拉格最高的礼拜堂。使卡夫卡感兴趣的是名字。幸好我能给他解释这个教堂名称的出典，我以前曾在这里听过几次古老的捷克教会音乐演奏会，有机会了解了教堂的许多情况。

据一个非常古老的传说，公元 4 世纪时，罗马有一个很虔诚的富豪做了一个梦，圣母在梦里托付他，在第二天有雪的地方为她建造一座教堂。当时是公元 352 年盛夏，天气炎热无比，您想怎么会下雪？这真是个荒唐的梦，可后来居然应验了，第二天早上，罗马的埃斯克利努斯山白雪皑皑。那位罗马人——我记不得他叫什么名字了——就在这座山上建了第一座“雪中圣母”教堂。

布拉格方济各会“雪中圣母”教堂主祭坛上的画，画的就是导致在罗马建造教堂的托梦故事。

我一边让卡夫卡博士看画，一边说：“教堂的名字源于这个传奇故事。”卡夫卡博士说：“我原先不知道这一点。我只知道后来的编年史家的记载。按照他们的记述，这座教堂在 15 世纪是激进的胡斯派[1]的重要中心。”

我们继续往前走。卡夫卡的脸上闪出一丝笑意，但片刻间笑意消失，嘴角只留下一道严峻的皱纹。他说：“奇迹与暴力只是无信仰的两极。人们消极地期待出现指路福音，为此耗尽了他的精力，而福音永远不会到来，因为恰恰由于期待太高，我们把福音拒于门外；或者人们急不可耐地抛弃一切期待，在罪恶的杀戮中度过他的一生。两者都是错误的。”

---

1 15 世纪捷克宗教改革家扬 · 胡斯追随者的统称。该派反对德意志封建主和天主教会对捷克的压迫，要求宗教改革，反对教会占有土地，主张用捷克语举行宗教仪式等。

我问："怎样做是对的？"

"这才是对的，"卡夫卡不假思索地说，一边指了指门口附近跪在一个小祭坛前面的一位老年妇女，"祈祷。"

他挽住我的胳膊，轻轻地把我拉出教堂门外。当我们来到前院时，他说："祈祷、艺术、科学研究工作，这是从同一个火源升起的三朵不同的火焰。人们要超越此时此刻存在的表示个人意志的各种可能，越过自己的小我的界线。祈祷和艺术只是伸向黑暗的手。人们为了馈赠自己而乞讨。"

"那么科学呢？"

"和祈祷一样，科学也是一只乞求之手。人们扑向消逝与形成之间黑暗的弧光中，以便把存在纳入小我的摇篮。科学、艺术和祈祷都这样做。因此，沉浸于自身并不是沉落到无意识之中，而是把模糊地预感到的东西提升到明亮的意识表层。"

卡夫卡博士、我父亲和我三人站在劳工工伤保险公司的窗边。街上，某团体的成员穿着艳丽的民间服装，擎着旗帜，吹吹打打地向前行进。

我说："这些人干吗还总是穿上这些封建农奴的旧服装？这些东西不早过时了吗？"

"你看，这不还活着吗？"我父亲说，"这是很古老的民间传统。"

卡夫卡微微一笑，说："这是偶像崇拜。"

"您是指民族主义？"我问。

“是的，”卡夫卡点点头，“这也是宗教代用品。这里行进的每个人都扛着一个偶像。从外面看，这偶像非常小巧轻便，是人们晚上坐在桌边舒舒服服喝啤酒时，用惧怕和出风头的欲望拼装起来的。尽管如此，我们大家都要吃这些稻草人的苦头，因为再也没有什么别的东西比这些用啤酒、口水和报纸做成的肮脏小怪物更贪婪的了。”

弗朗茨·卡夫卡给我讲了布拉格犹太诗人奥斯卡·鲍姆的一件事。奥斯卡·鲍姆小时候在德语国民学校上学。在放学回家的路上，德意志学生和捷克学生总要打架。一次打群架时，有人用木枪狠狠打在奥斯卡·鲍姆的眼睛上，结果，他的视网膜脱落，失去了视力。

“犹太人奥斯卡·鲍姆是作为德国人失去视力的，”弗朗茨·卡夫卡说，“其实他从来不是德国人，别人也从未承认他是德国人。也许奥斯卡只是所谓的布拉格德国犹太人的可悲象征。”

我们谈论捷克人和德意志人的关系。我说，把捷克史译成德文出版会有利于两个民族更好地了解对方。

卡夫卡却做了个无可奈何的手势否定我的看法。他说：“这没有用。谁会读这类东西？只有捷克人和犹太人。德意志人肯定不读，因为他们不愿承认，不愿理解，不愿阅读。他们只想占有，只想统治，而理解通常只能是占有和统治的一种障碍。不认识他人，就能更好地压迫他人。这时没有良心的谴责。正因如此，没有人了解犹太人的历史。”

我反驳他的话：“这不对。小学一二年级就教《圣经》，这是犹太民族历史的一部分。”

卡夫卡苦笑道：“是这么回事！犹太人的历史蒙上了童话色彩，人一旦长大，就把它和童年一起抛进遗忘的角落。”

我和朋友莱奥·雷德勒一起在共和国广场上，当我看见弗朗茨·卡夫卡突然向我走来时，我就向我的朋友告辞。

“我从特施诺夫开始就跟在你们后面了，”他寒暄了几句后这样说，“你们谈得非常入神。”

“莱奥向我解释了泰勒[1]的管理理论和工业中的劳动分工。”

“这是一件很可怕的事情。”

“博士先生，您是不是想到了人被奴役？”

“问题还不止于此。这样严重的恶行只能产生被恶所奴役的结果。这是很自然的事。一切造物中最崇高的、最少触及的部分——时间——被压进了肮脏的商业利益的网里。这样，不仅仅是创造，首先是创造的组成部分的人也被玷污，被侮辱了。这样一种泰勒化的生活是可怕的诅咒，其结果只能是以饥饿和贫困取代希望得到的财富和利润。这是迈向……”

“迈向世界毁灭。”我接着他说。弗朗茨·卡夫卡摇摇头。

“要是能很肯定地这样说倒也好了。可实际上没有一点东西

1 泰勒（Frederick Winslow Taylor，1856—1915），美国管理学家，被誉为“科学管理之父”。

是肯定的。所以我们不能说什么。我们只能呼喊、磕巴、喘息。生活的流水线把一个人载向某个未知的地方。人与其说是生物，还不如说是事物、物件。”

卡夫卡突然停住脚步，伸出手。“您看！这里，这里！您看见了吗？”

这时，我们已经到了雅各布街，从一座房子里跑出一只一团毛似的小狗，越过我们前面的路，消失在寺庙街的街角。

“一只可爱的狗。”我说。

“一只狗？”卡夫卡疑惑地问，慢慢迈开了脚步。

“是一只幼小的狗。您没有看见？”

“我看见了。可那是狗吗？”

“是一只卷毛狗。”

“卷毛狗。可能是一只狗，但也可能只是一个信号。我们犹太人有时会可悲地弄错事情。”

“我们看见的只是一只狗。”我说。

“要是那样倒也好，”卡夫卡点点头，“可是这个‘只是’适用于需要它的人。对甲来说是垃圾或狗，对乙来说是信号。”

“短篇小说《父亲的忧虑》中的奥德拉德克[1]。”我说。

卡夫卡没有接我的话茬儿，而是顺着他的话题说了一句结束语：“事情总是超出预计。”

我们默默地穿过泰因霍夫。在泰因教堂旁门前我说：“布

1 卡夫卡的《乡村医生》集中短篇小说《父亲的忧虑》中描写的一种现象的名字。参见列昂·布鲁阿的《向犹太人致敬》一书。——雅诺施

鲁阿写过这样的话：犹太人的悲剧性罪责在于他们没有认出弥赛亚[1]。”

“情况也许真是这样，”卡夫卡说，“他们也许真的没有认出他。可是，上帝允许发生他的造物认不出他的事情，他是多么残酷。倘若孩子们不能正确地思考和说话，那么总是父亲来到他们身边。不过这不是能在街上谈论的话题，而且我也到了。”

卡夫卡朝他父亲的商店点了点头，跟我握手告别，然后快步走进金斯基宫。

我得到了一份慈幼会[2]的杂志，里面有一篇关于爱尔兰神甫弗拉纳根1917年在美国内布拉斯加州的奥马哈市附近建立的儿童城的报道。

卡夫卡读了文章后说：“我们所有的城市和工厂都是通过这些迷途的孩子的劳动建立起来的，他们因服从他人而找到了自由。”

和卡夫卡散步，走过查理大桥，经过克莱茵赛特纳桥头塔楼，穿过萨克森街，来到大修道院院长广场。从那里穿过普罗科皮乌斯街到蛋市——今天叫克莱茵赛特纳集市广场——走上布拉迪斯拉发街，穿过约翰内斯山的宽阔阶梯走向斯波纳街。然后往

---

1 弥赛亚，原意为“受膏者”。古代犹太人封立君主、祭司时，常举行在受封者头上敷膏油的仪式，故君主等人有“受膏者”之称。犹太国衰亡以后，犹太人相信上帝将重新派遣一位“受膏者”来复兴犹太国，弥赛亚成为犹太人想象中的“复国救主”的专称。

2 天主教关注儿童教育的修会，1859年成立于都灵。

下走到克莱茵赛特纳广场，再到电车道。

卡夫卡给我解释桥上的雕像，让我注意各种细部，指给我看古老的族徽、大门、窗框和钳工的手艺。在查理大桥上，他伸出右手指着圣母玛利亚雕像后面叉开手指捂住鼻子的石制小天使说："他摆出这副样子，好像天上有臭气似的。对天使这样的天上造物，地上的一切都冒着臭味。"

"可天使前面的雕像是圣母像啊。"我说。

"正是！"卡夫卡大声说道，"没有比母亲更世俗，因而更高耸于地面之上的东西了。由于经受了降生的痛苦，一线新的希望之光、一个新的幸福的可能性被种到了人间的尘土里。"

我默默不语。

我们在蛋市上经过舒博恩宫时，卡夫卡说："这不是城市。这是时间大洋裂开的洋底，布满了熄灭的梦幻和热情的乱石堆。我们可以像在潜水钟罩里那样，在这些乱石堆之间散步。在这里很有趣，但人们慢慢地透不过气来，和所有潜水者一样，不得不上来，否则血液就会突进肺脏。我在这里住过一段时间。我后来不得不离开。这里太远了。"

"是太远了，"我点点头，"这里和内城的交通很不方便。得先走过老石桥，穿过许多弯弯曲曲的胡同。这里没有直达路线。"

卡夫卡停了一会儿。然后，他接着我的话提了一个问题，又立刻自己做了回答。他说："对我们来说，在什么地方有这样一条直达路线？只有梦才是直达路线，而梦只能引向迷途。"

我迷惑不解地看着卡夫卡博士。从克莱茵赛特纳通向位于波日茨街的工伤保险公司的路怎么会和梦有关系？

为了掩饰我心中的迷惑，我轻声说："乘电车也不能顺利前进，也得换车，通常都要很长时间才能换上合适的车。"

卡夫卡博士似乎根本没有听我讲话。他下巴前伸，两手插在单薄的灰大衣的口袋里，快步走下斯波纳街，于是我只好小跑起来，免得被他甩下，要知道，我的个子只到他肩膀。到了克莱茵赛特纳广场，卡夫卡自己才意识到他走得急了一些。

他在电车站停下脚步，不好意思地笑了笑说："您看，我仿佛要摆脱您似的。我是不是走得太快了？"

"不要紧，"我用手绢擦了擦汗涔涔的脖子说，"下山时总是要走快些的。"

可是卡夫卡博士不同意我的话。"不对，不对！原因不仅仅在山。我自己身上还有一座倾斜的平原。我像一个球那样向安静滚去。这是一个弱点，有了这个弱点，一个人很容易失去镇静。"

"不要紧的，没有那么糟。"我又说了一遍，可是他却只是摇摇头。

他越过我，朝托马斯街入口看去。他继续轻声地说着，听起来就像提高了声音的自言自语："这些老房子里的宁静就像一包炸药，炸毁了所有内心的堤坝。我们的双腿跑下山，而声音则一个字一个字地构筑起一座图画之山。内外之间的界线消失了。人们穿过街道，就像沿着黑沉沉的时间废水的渠道顺流而下。他倾听自己的声音，觉得听见了某些特别聪明、特别诙谐有趣的事情。实际上，那只是对自我贬值的拼命掩饰。人们——可以说——轻蔑地审视自己。他只是还没有伸手到口袋里，掏出纸笔，给自己写一封匿名信。”

托马斯街入口处出现了一辆慢慢行驶的电车。

卡夫卡像从睡眠中醒来那样，一惊而起。他说：“我们的车来了。我们可以上车了。”他微笑着挽起我的胳膊。

弗朗茨·卡夫卡翻阅我带到他办公室的一本书：阿尔方斯·帕库所著的《俄国革命的精神》。

“您想看这本书吗？”我问。

“谢谢，”卡夫卡把书递给我说，“我没有时间。太可惜了。俄国人试图建立一个完全公正的世界。这是一件宗教性的事情。”

“可是布尔什维克是反对宗教的。”

“它这样做是因为它本身就是宗教。干涉，起义，封锁，这是什么样的事情？这是将席卷全世界的大规模的、残酷的宗教战争的小小前奏。”

我们遇见了一大群举着旗子去参加集会的工人。卡夫卡发表他的看法：“这些人那样自信，情绪那样好。他们控制了街道，以为就控制了世界。其实他们错了。秘书、官员、职业政治家已经在这些人后面窥视，他们全是现代苏丹，工人是在为他们开辟上台的道路。”

“您不相信群众的力量？”

“我看见了这种力量，群众的不成形的、似乎无法驾驭的力量，他们渴望被驯服，被塑造。每一场真正革命的运动结束时都会出现一个拿破仑·波拿巴。”

“您不相信俄国革命会继续扩大？”

卡夫卡沉默了片刻，然后说：“洪水越向四周扩大，水就越浅，越浑。革命蒸发了，只留下新官僚体制的泥浆。束缚人类、使其受苦的镣铐是办公文件做的。”

人们无需特别锐利的目光就能看到，办公室生活对卡夫卡博士是一种折磨。

他常常脸色灰黄，弯着腰，缩着身，坐在光洁的大办公桌后面。要是有人问起他的起居情况，他总是做出高兴的样子回答：“谢谢，我很好。”

这种抵御是有意掩饰真情，是与卡夫卡博士的为人根本不相称的，因为按照我父亲和我也认识的几个他的同事的话，在整个保险公司再也找不出比法务部主任更爱真理、更热衷于公正的人了。

我父亲说，卡夫卡曾经几次对他这样说：“倘若没有每个人都理解，因而每个人都自愿服从的真理，那么每种秩序都只是粗野的暴力，都是迟早要在真理需求的压力下四分五裂的笼子。”

我父亲和他的同事把卡夫卡对真理的热爱看成高度发展的伦理意志的显示；实际上——按卡夫卡自己的话——情况却并非如此。

我是这样发现这一点的：

在我最初几次拜访卡夫卡博士时，听到他的名言警句，我总是惊讶地问他："这确实是真的吗？"一开始，卡夫卡博士总是点点头作为回答。我认识他较长时间后依然用这个问题表示我的惊讶时，他有一次对我说了这样一段话："请您别提这个问题了。您这一句话就一再地把我暴露在我自己面前。我看见了我的无能。因为说谎是一种艺术，如同其他任何一种艺术一样，它要求人使出全部力量。人们必须完全献身于它，必须自己先相信它，才能用它说服别人。说谎需要火一样的热情。这样，它披露的东西比掩盖的还要多。这我做不到。所以我只有一个隐身所——真理。"

他微微张开嘴，发出一阵哧哧的笑声。我也跟着他笑起来。然而，我的笑只是尴尬的笑。因为在心底，我为自己感到羞愧，在迄今为止与卡夫卡的交往中，我对语言的理解和使用多么表面肤浅。何况，卡夫卡不久前还对我说过："语言是我们身上不可摧毁的东西的外表，比我们更长寿的衣服。"

我已经记不清我当时是怎样摆脱羞愧之旋涡的，只有一点记得很清楚：从那一天起，我比较注意我说的话了。不仅与卡夫卡交往如此，与其他人接触也是这样。这样做增强了我的接受力。我学会更好地看和听。这样，我的世界变得更深刻、更复杂了，但又没有变得更冷、更远。相反，我接触了各种各样的人和事物，他们一再地使我惊讶，这样，我的生活更丰富、更有价值了。我激动欣喜，时间过得十分愉快充实。我不再是一个小小的、无足轻重的职员之子，而是为世界和自己的道德标准而战的人，一个为人和上帝而战的小小斗士。这一点我要归功于卡夫卡博士。因此，我敬佩他，尊敬他。他引导我深入地体验生活，我感到，通过这种体验，我一天天长大，内心越来越自由，越来越善良。因此，当时对我来说，最美好的事莫过于在卡夫卡博士的办公室里和他坐在一起，或者和他在布拉格的街道、花园、过道里漫步，怀着崇敬的心情倾听他讲话。

当时——我承认——只有一件小事让我不自在。这就是那句“谢谢，我很好”。难道卡夫卡感到那么凄苦和孤独，不得不用这句老话逃避好奇心的进袭？

是在抵御那些拜访他的、令人厌烦的人，把他们推挡回去？这是否也是针对我的？

我想到这一点就不好受，就害怕。所以我后来再也没有问过他健康状况怎样。每当有人当着我的面提出这样的问题，卡夫卡装出自然的样子说谎时，我就深感不安。在这种场合，我就不能平静。我坐在椅子上，不安地晃来晃去，摆弄上衣纽扣，来回拽自己的指甲，拿起一张报纸或一本书，或者干脆打起哈欠来。

卡夫卡博士肯定注意到了这一点，并做了仔细思考，因为有一次他突然主动向我解释了我所了解的他的唯一谎言的理由——这事发生在哪一年，我已记不得了，不过那天阳光灿烂，大概是个明媚的夏日。

我们漫步穿过位于今天的火车站下面的市立公园，在小池子的铁栏杆边站了很久。一群有棕色纹和黑白绿三色的鸭子在池子幽暗的水面上嬉戏，我们旁边站着一些妇女和孩子，他们从一个银白色大胡子垂到椭圆形售货篮上的跛足老头子那里买来小面包和咸味面棒，掰碎了扔给那些嘎嘎叫着游来游去的鸭子。我们看了他们好一会儿。

卡夫卡问我："您说，他们谁更快乐，是鸭子还是孩子？"

我回答："我想是鸭子。它们得到了食物，即继续生存的材料。"

"那孩子们呢，他们什么也没有得到？"卡夫卡责备地看着我，"快乐是人的心灵的养料。没有它，整个生命就只是死亡。"

他转过身，继续向前走去，同时慢慢地对我说："我现在还记得，小时候，每当我的家庭女教师威胁说，为了惩罚我的不听话，她不带我到市立公园去看鸭子时，我总是绝望地哭起来，在餐室里退到碗橱和衣柜之间黑暗的角落。当时在柜子后面，我第一次听见我的心脏在胸中可怕地跳动。从小广场走到市立公园从一开始就是一桩巨大的冒险活动。这里起主要作用的是女教师的那双手套。她戴着褐色的、已经开始变硬的羔羊皮手套，拉着我的手。后来，她买了一副新的钩织手套，可是我不喜欢新手套，我喜欢旧的褐色羔羊皮手套。接触到这副手套时，我的背上总产生一种战栗的快感。因此，每次散步前我都恳求他：'小姐，请您戴那副旧羔羊皮手套。戴着它拉我的手就像抚摩。'我第一次这样恳求她时，她哈哈笑着说：'你真会享受！'当时我是个会享受的人。我拉着她的手，在市立公园里喂鸭子时是多么高兴，多么兴致勃勃啊，后来我再也没有过这样大的兴致和欢愉。"

卡夫卡沉默不语了。

我们经过一条很短的联结通道来到一条与公园外面的大道平行的侧道上，道路两旁是茂密的灌木和稀疏的树木，所以，我们能看见对面当时很豪华高雅的马利亚大街房子的上半部分。

在侧道上，我们从一张长条椅旁走过，长椅上坐着两男一女，看样子是乞丐。

边上那个男子灰白头发乱蓬蓬的，戴一顶有凹坑鼓包的圆顶硬礼帽，一张蓝紫色的酒鬼脸。他从上衣口袋里掏出烟头，剥开烟纸，弄出烟丝，把烟丝塞进放在膝上的一只肮脏的亚麻布口袋里。

他旁边坐着一个晒得黑黑的老年妇女，她穿一条绿色丝绒裙子和一件油迹斑斑的黑色男上衣。她头上松松地包了一块灰褐色的印花布头巾，遮住了她的全部头发。她张开嘴巴，露出黄色大牙，正往嘴里塞一块半个砖头大小的糕点呢。

离她三拃远的地方坐着一个干瘪老头子，他上身前倾，头戴一顶褪了色的绿猎手帽，帽子往后推到了脖子上，鼻子上架着一副很大的老式金属丝眼镜，我们经过长椅时，他的眼镜三次滑到了显得略短的鼻子尖上，他每次都用干枯的食指做出机械的动作，把眼镜扶好。他膝盖上摊着一块红蓝格子的手绢，上面放着硬币，他正在按大小分类。

我们经过时，听见了他们三个人的几句谈话，这些话很清楚地表明他们是乞丐。那女人嘴里塞满了糕点，把头转向戴眼镜的人，问他："今天怎么样？"

"还行，还行。"老头子回答。

"谢天谢地，"那个用烟头积聚烟丝的人赞许地说，"今天是个好日子。我在以马忤斯[1]修道院得到了两碗汤。”

女人美滋滋地微笑着，向后靠到椅背上。“在查理广场，我给一个护士看手相，预言她有美好前程，她给了我一个克朗、两块点心。”

“真是大丰收！”两个男人同时在我们背后喊道。

我们走了几步后，卡夫卡问我：“哎，您怎么看？我们也像他们三个那样幸福吗？”

“我想，比不上他们。”

“是的，”卡夫卡点点头，“我们肯定没有过过一天这样的好日子。”

“我也这么看！”我一边笑一边大声说，“我们在人行道上没有得到烟，在查理广场上也没有得到点心。不过我们也没有给谁预言过有美好前程。”

“您在开玩笑，”卡夫卡嘟哝道，“我说的可是当真的。幸福并不取决于财产。幸福只是态度问题。这就是说，幸福者看不见现实的黑暗边缘。他的生命之感压过了死亡意识的不断捶打的木蠹虫。人们忘记了，人不是走，而是倒下。人像麻木了一样。因此，要是有人问我们的健康状况，那是不正派的行为。这么做乏味得很，就像一个苹果向另一个苹果提出这样的问题：‘那些螫了您，爬进您体内的虫子怎么样了？’或者如同一根草茎问另一根草茎：‘您如何枯萎？您如何腐烂？’这样做如何？”

1 据《圣经·新约·路加福音》，耶稣的两个门徒在以马忤斯村见到了复活的耶稣。

“那太令人恶心了。”我不禁脱口而出。

“这不，您也明白了。”卡夫卡说，头往上扬起，脖子上的肌肉像拉紧的绳子那样暴起，“询问健康状况的问题加强了一个人心中觉得自己正在消亡的意识，面对这种消亡，我这样一个病人显得特别软弱无力。”

我听见他用鼻子深深地吸气。“也许情况没有那么糟，”我讷讷地说，“您不该去想您的病。”

“我自己也这样对自己说，但是这正表示我想到了病。我无法忘掉它。我没有办法把它赶出我的意识。我缺少体面的工作。”

“怎么？”我有些生气地反问道，“您在保险公司不是有个很好的岗位，大家不是都很尊敬您吗？”

卡夫卡博士打断我的话：“这不是工作，而是腐烂。每一种真正积极的、目标明确的、使一个人感到充实的生活都具有火一样奋发向上的劲头和光彩。而我在做什么？我坐在办公室里。这是个冒着臭气、折磨人的工场，里头没有一点幸福感。于是，我就非常平静地欺骗那些询问我的健康状况的人，而不像被判刑的人那样干脆置之不理，扭过头去。其实，我就是这样一个被判刑的人。”

我在父亲的陪伴下，去听了一次由马克思主义大学生联合会[1]在希伯纳街社会民主党人民大厦的罗莎厅举行的关于俄国局势的

1 捷克社会民主党的一个组织，该党分裂后，该会加入共产党。

报告。我后来向弗朗茨·卡夫卡谈了这次报告的内容。

我讲完后，弗朗茨·卡夫卡说："我对政治一点都不懂。这当然是个缺点，我很愿意克服它。可是我的错误太多了！离我最近的事总是越来越远离我，逃向远方。我很敬佩马克斯·布罗德，他对错综复杂的政治了如指掌。他常常给我讲很多时事。我就像现在听您讲话这样，专心地听他讲话，然而，我却无法深入到事情中去。"

"是不是我没有表达清楚？"

"您误解了。您讲得很清楚。错误在我身上。在我看来，战争、革命以及全世界的贫困就像恶的洪流。那是一场洪水。战争打开了混乱的闸门。人类生活的一切外部援救机构都崩溃了。历史事件不再由个人，而只是由群体所承载。我们被挤过来推过去，被扫到一边。我们忍受着历史。"

"您是说，人不再是世界的共同创造者？"

卡夫卡稍稍晃动了几次上身。他说："您又误解我了。我说的正相反：人自动抛却了他对世界承担的责任，不再参与世界活动。"

"这不可能。您没有看见工人党的成长？群众的积极性？"（我的这几句话是关于俄国局势的报告和我父亲对之发表的看法的回响。）

"原因就在这里，"弗朗茨·卡夫卡说，"运动剥夺了我们观看的可能性。我们的意识受到了限制。我们没有注意到，我们还活着，却失去了知觉。"

“您是说，人变得不负责任了？”

弗朗茨·卡夫卡苦笑了一下。“我们大家都这样生活，仿佛我们都是独裁者。这样，我们就变成了乞丐。”

“这会有什么结果？”

卡夫卡耸了耸肩，看着窗外。“回答只是愿望和许诺。但这并不安全可靠。”

“但是，倘若没有安全，那么全部生活又是什么呢？”

“是沉沦，也许是罪愆。”

“什么是罪愆？”

卡夫卡用舌尖润了润下唇，然后回答：“什么是罪愆……我们认识这个词，知道它的用法，但是我们失去了感觉和认识。也许这已经是罚入地狱，被上帝所抛弃，是毫无意义的事。”

我父亲走进房间，打断了我们的谈话。

我们告辞时，卡夫卡博士突然用道歉的口吻对我说：“您别去想我对您说的话。”

我没有想到他会这么说。对我来说，卡夫卡是老师和忏悔神父。所以我忧郁地问他：“为什么？您说这些话可是很认真的。”

他露出一丝笑容。“正因为这个缘故，我的严肃认真会像毒药一样，对您产生作用。您还年轻。”

这话伤了我的心。我说：“年轻可不是缺陷。因此，我一直能思考。”

“我看，我们今天真的不能互相理解了。不过这很好。误解能保护您，不受我的坏的悲观主义的影响，这种悲观主义是一种罪过。”

1921 年圣诞节，父亲送了我一本书：《人类的解放——古今自由思想录》[1]。

大约在 1923 年春天，我把这本内容丰富的书带给弗朗茨·卡夫卡看，里头的两幅画他看了很长时间，一幅是阿诺德·勃克林[2]的《战争》，另一幅是 V. V. 魏列夏庚[3]的《头颅塔》。

“说真的，战争还从来没有被真正地描绘过，”卡夫卡说，“通常只描绘了局部现象或结局，比如这幅《头颅塔》。而战争的真正可怕之处是一切现存的安全和习俗的解体。兽性的、肉体的东西压倒了一切精神的东西，使它窒息而死。就像癌症。人不是活几年、几月、几天、几小时，而是只活几个瞬间。其实，连这几个瞬间他也不是活着。他只是意识到这些瞬间。他只是生存。”

“这是因为临近死亡。”我说。

“这里的原因是知道并害怕死亡。”

“这难道不是一回事儿？”

“不是一回事儿。谁充分理解了生活，谁就不怕死亡。害怕死亡是生活不充实的结果，是不忠的表现。”

1 此书由伊格纳茨·耶索弗主编，1921 年由柏林波格德意志出版社出版。——雅诺施

2 阿诺德·勃克林（Arnold Böcklin，1827—1901），瑞士画家，擅长风景画，也画人物。代表作有《死岛》《希腊神话》等。

3 魏列夏庚（V. V. Vereshchagin，1842—1904），俄国军事画家。代表作有《1877—1878 年俄土战争》《1812 年卫国战争》等。

我们谈论战后众多的国际会议。弗朗茨·卡夫卡说："这些重大的政治会晤的水平相当于通常的咖啡馆晤谈。人们讲得很多很响，目的在于尽量少说。这是喧闹的沉默。真正真实有趣的东西是隐藏在背后、一字不提的交易。"

"按照您的看法，新闻界不为真理服务。"

卡夫卡的嘴角抽动了一下，露出一丝苦笑。"真理属于生活中少数几件真正伟大的、宝贵的、无法用金钱买的东西。人只能作为馈赠得到它，如同爱情或美貌。报纸则是一件可以买卖的商品。"

"这么说，报纸旨在使人类愚蠢。"我害怕地说。

卡夫卡笑起来，得意地向前突出下巴。"不，不！一切，甚至谎言，都为真理服务。影子不能熄灭太阳。"

弗朗茨·卡夫卡对报纸持怀疑态度。他每次看见我收到各种报纸的包裹时，总是微微一笑。

有一次他说："'葬身于报纸之中'这句话反映了真实情况。报纸报道了世界上发生的事情，一块石头挨另一块，一个脏疙瘩挨另一个。那是一堆土、一堆沙。意义在哪里？看见历史是事件的堆砌，这毫无意义。而重要的是事件的意义。这意义我们在报纸上是找不到的，只能在信仰里，在表面的、偶然的东西的客观化中得到。"

记不得是什么场合了，卡夫卡博士有一次说，读报是一种文明恶习："读报像抽烟：人们不得不向压迫者支付他自己的中毒费用。"

卡夫卡博士不抽烟，至少这是我的印象，可他是个报纸杂志的热情读者。他桌子上总是放着许许多多德文、捷克文期刊，有时还有法文期刊，他在谈话中常常对里面的报道发表看法。我还记得很清楚，我们有一次看见一张拍有许多长腿舞女的照片时，不由自主地评论起意大利法西斯。

这次谈话大约在 1922 年 10 月或 11 月。卡夫卡的办公桌上放着一本打开的、在维也纳出版的大型戏剧杂志，里头有关于巴黎和柏林最新舞剧的报道，并附了几张照片。

"这是舞蹈演员？"我扫了一眼排成一列的舞蹈演员，笨嘴笨舌地问。"不，这是士兵，"卡夫卡答道，"这种舞蹈是伪装的阅兵式。"

我不解地看着卡夫卡博士。他进一步解释道："普鲁士的正步走和舞女的舞蹈目的相同。两者都压制个性。无论士兵还是舞女都不再是自由的个人，而是一个群体的被束缚的零件，他们按照一个从根本上说他们对之完全陌生的命令活动。因此，他们是所有指挥官的理想对象。人们无须解释什么，塑造什么。一句简短的命令就够了。士兵和舞女们像木偶一样行进。这就使本身无足轻重的指挥官显得很重要，很了不起。您看，他就在这里！"卡夫卡从办公桌中间那个抽屉里拿出一期《星期》杂志，翻开，指着墨索里尼的照片说，"您看，此人长一张驯兽者的方形大嘴，哗众取宠者的玻璃假眼给人以严肃深邃的印象。总而言之，他是这些只有作为群体才起作用的、不关心政治的政治舞女真正的游艺场老板。您看，就是这些人！”

他翻到下一页，那里有一张照片，照的是一群咧着嘴狞笑的“进军罗马”[1]的参与者。“您没有看见这些人的脸？他们非常快乐，因为他们无须思考，他们坚信，在罗马，肥缺美差和丰盛的宴席已经等着他们。墨索里尼的人不是革命者，而是渣滓，他们伸出爪子去端他们自己无法盛满的碗盏。”

我来到卡夫卡的办公室。屋里一个人没有。卷宗打开着，盘子里放着两个梨，桌子上摊着几张报纸，这表明，他在楼里。我在办公桌旁的客座椅里坐下，拿起《布拉格日报》读起来。过了一会儿，卡夫卡回来了。

“您等了好久了？”

“不久。我读报了。”我给他看登着国际联盟会议文章的报纸。

卡夫卡做了个无可奈何的手势。“国际联盟！这真的是各国人民的联盟吗？我看，国际联盟这个名称只是一个新的斗争场所的伪装而已。”

“您是说，国际联盟不是和平组织？”

“国际联盟是使斗争局限在局部地区的组织。战争在继续进行，只是使用了另外的手段。商人的银行代替了戍师的士兵。财政金融的战斗力取代了工业的战争潜力。国际联盟不是各国人民

1 1922 年 10 月，墨索里尼纠集五万名法西斯党徒向罗马进军，迫使国王任命他为首相，攫取了国家最高领导权。

的联盟，而是各个利益集团的转运地。”

我提请弗朗茨·卡夫卡注意一篇关于赔款问题的长文。他对报纸看也不看，只是向外伸了一下下唇，说：“从根本上说，这些问题都非常简单。真正困难、真正无法解决的是那些无法用语言表述的问题，因为它们是以全部生活的难题为其内容的。”

我们谈论一篇评述欧洲和平前景暗淡的报纸文章。

“和约最终达成了。”我说。

“没有什么最终的东西。”弗朗茨·卡夫卡说，“按照亚伯拉罕·林肯的观点，只要没有取得公正的解决，就不能说最终解决。”

“那什么时候能最终解决呢？”我问。

卡夫卡耸了耸肩膀。“谁能知道这一点？人不是神。历史是由每一个毫不足道的瞬间的错误和英雄业绩构成的。我们向河里扔进一块石头，水面就产生一圈圈波纹。大多数人活着，却没有意识到超越个人的责任，我想，这就是不幸的核心。”

“您对马克斯·赫尔茨事件怎么看？”我问。

马克斯·赫尔茨是 1921 年德国中部起义领袖，在德国国界以外被捷克斯洛伐克政府逮捕。捷克政府拒绝把他引渡给德国。

卡夫卡耸耸肩。“我们能通过恶达到善吗？与命运抗衡的力量实际上是一种虚弱。献身与忍受要强得多。但是，萨德[1]侯爵是

1 萨德（Donatein-Alphonse-François Sade，1740—1814），法国色情文学作家。

不能理解这一点的。”

“萨德侯爵？”我感到很奇怪。

“是的，”弗朗茨·卡夫卡点点头，“您曾经借给过我萨德侯爵传记，他是我们时代真正的庇护人。”

“恐怕不是这样。”

“噢，是这样的。萨德侯爵只能从他人的痛苦中获得生活的欢乐，正像富人的奢侈生活以穷人的贫困为代价。”

为了掩饰我的失败，我伸手到公文包里取出几张梵高画作的复制品。

卡夫卡很高兴。“这个以暗紫色黑夜为背景的咖啡馆庭院漂亮极了，”他说，“其他几张画也很漂亮。不过这个咖啡馆的庭院让我着迷。您看过他的素描吗？”

“没有。”

“太可惜了。这些素描在《疯人院书简》一书里。也许您以后什么时候会读到这本书。我真希望我会画画。事实上我也常常试着画两张。可是没有什么成果。纯粹是个人的画，连我自己过了一段时间后也不知道画的意义何在了。”

我给卡夫卡看一份维也纳周刊的纪念专号，专号刊载了近五十年最重大事件的图片[1]。

“这是历史。”我说。

---

1 指《维也纳画刊》的纪念专号。——雅诺施

卡夫卡抿了一下嘴唇。“哪里！历史比这些旧画还要可笑得多，因为历史大多由官方活动所构成。”

这次谈话后过了两天，我来到卡夫卡博士的办公室时，他手里拿着一份卷宗正要离开房间。我想走，他却叫住了我。

“我马上就回来。”他一边说，一边给我推过那把来客坐的椅子，“您先翻翻报纸。”说着，他推给我几份德文和捷克文报纸。

我拿起报纸，看了看大字标题，浏览了一篇关于庭审的报道和几则简短的舞台消息，这几则消息其实不过是戏剧预告。我翻到另一版。体育消息下方是一部侦探小说的连载。我读了两三段，卡夫卡就回来了。他瞥了一眼我读的报纸，说：“我看，强盗和侦探在为您做伴。”

我很快把报纸放回桌上。“我只是随便翻了一下这篇蹩脚货。”

“您把让发行人挣了大钱的文学叫作蹩脚货？”卡夫卡假装生气的样子向我发问，然后坐到桌旁，不等我回答，继续说道：“这是一种重要的商品。侦探小说是一种麻醉剂，会改变一切生活的比例，因而使世界颠倒。侦探小说总是揭露隐藏在非同寻常的事件背后的秘密，而在生活中，情况恰好相反。秘密不是隐藏在背后。相反，它赤裸裸地显露在我们眼前。秘密是不言而喻的事情，因此我们看不见它。日常的事情是最伟大的强盗小说。每分每秒，我们都经过千百具尸体，经历千百种罪行，却视而不见，听而不闻。这就是我们日复一日的生活。尽管我们对这种生活已经习以为常，但倘若发生了什么事情让我们感到吃惊的话，那么我们有一种非常奇妙的镇静剂——侦探小说，它把生活的每一个秘密都描写成该受到惩罚的例外现象。用易卜生的话说，它是社会的支柱，是冷酷的非道德所穿的浆洗得又白又挺的衬衣，这种非道德标榜自己是中产阶级的文明。”

我给卡夫卡讲我的梦：马萨里克总统像普通老百姓那样在码头上散步。我仔细地看他的胡子、夹鼻眼镜、交叉在背后的手臂、宽大敞开的冬大衣。

弗朗茨·卡夫卡微笑了。他说：“您的梦符合马萨里克的品格。和国家首脑这样随便相遇是很容易发生的。马萨里克深孚众望，几乎不需要权力的外部象征。他不说教，所以显得平易近人。”

然后我给他讲了国家民主党在卡林区举行的一次集会的经过，集会的主要发言人是财政部长 A. 拉辛博士。

“他是个老练的斗士，”卡夫卡说，“和德国人斗是他的拿手好戏。其实，在可恨的德国当权者和无权无势的捷克百姓之间，他是更接近前者的那些人的代言人。”

“为什么？”

“山峰互相看见。蜷缩在山峰影子里的洼地和小山谷互相之间则一无所知，尽管它们通常都处在同一个水平上。”

1922 年，英国逮捕印度国大党头号人物圣雄甘地时，弗朗茨·卡夫卡说："现在很清楚了，甘地的运动一定会胜利。监禁甘地会给他的党以更大的推动。因为如果没有殉道者，任何运动都会蜕变为廉价投机者的利益集团。大河变成了小水坑，一切关于未来的美好思想都在这水坑里破灭。因为思想如同世界上一切具有超人价值的东西一样，只能以人的牺牲为生。"

我在卡夫卡的办公桌上发现一张反对外交部长贝内斯的传单——"净化"[1]。

弗朗茨·卡夫卡说："贝内斯博士被指责积聚财富。这种指责是蹩脚的。贝内斯博士非常能干。按他的性格和联系，他完全能成为巨富。他可以出售袜子和废纸。他经营什么东西是非常次要的。他是商界的大人物。这对他和其他人来说是关键的一点。因此，就其风格来说，这些辱骂是正确的，政治上却是很不得体的。他们向一个人攻击，却没有击中他的行为。"

1920年选举前夕，捷克社会民主党在劳工工伤保险公司里散发了一本竞选小册子，小册子介绍了社会民主党首要候选人的生平，登载了他们的照片。

我在卡夫卡博士办公室粗粗翻了一下这本小册子。我问他："博士先生，所有这些人都长着一张贪婪的市侩脸，您不觉得奇怪吗？"

1 传单是由A. V. 弗里斯拟写印发的。捷克共和国成立后，弗里斯想出任驻墨西哥公使，但他的要求被贝内斯拒绝。这样就产生了这场论战。——雅诺施

“不奇怪，”卡夫卡博士冷冷地说，把竞选小册子扔进了字纸篓，“因为他们是在阶级斗争中发战争财的人。”

劳工工伤保险公司要在组织管理方面进行某些变动[1]。我父亲正忙着写关于这件事的研究报告。吃午饭时，他在报纸的白边上做了些笔记，晚上他就待在餐室里写。

我给卡夫卡讲起这件事时，他微微一笑。他说：“您父亲是个可爱的老小孩。不过，所有相信改革的人都是这样的。他们看不见，只有旧事物死亡，新事物诞生，世界面貌才会有所改变。有的东西衰亡，有的东西崛起。这只改变万花筒中玻璃碎片的组成。只有很小的孩子才想，他们完全改变了整个玩具。”

我父亲谈起弗朗茨·卡夫卡始终很谨慎。从他的言谈方式可以得出这样的结论：我父亲在观察卡夫卡博士，却总是有不完全理解他的感觉。

而弗朗茨·卡夫卡不仅尊重我的父亲，而且还非常理解他。

“您父亲多才多艺，一次又一次让我感到惊奇，”他有一次这么说，“对他来说，事情是那样真实。他感到一切都那么近，那么熟悉亲切。他肯定是个非常虔诚的人，否则，他对世界上似乎最最简单的事情怎么能那样熟悉和了解。”

我告诉他，我父亲在业务时间怎样做木工和钳工活。我带着

1 卡夫卡为波希米亚王国劳工工伤保险公司将要进行的改革所写的专题报告现仍保存在该公司。——雅诺施

幽默的夸张描述了他对手工活的热情和雄心。

弗朗茨·卡夫卡不喜欢我讲述的方式。他皱起眉毛，下唇向前突出，严肃地看着我说："您别笑！您别装出您没有看见美好事物的样子。您只是在掩饰您的自豪感。因为您为您父亲感到自豪。而这种自豪感是正当的。他是那么富有成果，因为他一点不爱虚荣。这个事实使您感到难为情。您笑，因为您不能和您父亲一起做木工，做钳工，您感到遗憾。您的微笑是什么？是没有哭出来的眼泪。"

"我读了韦尔弗的剧本《镜中人》[1]。"

"我早就知道这个剧本，"卡夫卡说，"韦尔弗向我们朗诵过两次不同的段落。语言很美，但是说句老实话，我不甚理解所写的内容。韦尔弗是个厚壁桶。从外界来的各种不同的机械振动比桶内装的发酵的东西更容易使它发出声响。"

"他在写一部篇幅宏大的音乐小说，是真的吗？"我问。

卡夫卡点点头。"是的。他早就在写这部长篇小说了。是写威尔第和瓦格纳的。只要他到布拉格来，他肯定会给我们朗诵一些章节[2]。"

"您讲这些话时脸色阴郁，您是不是不喜欢韦尔弗？"我说。

1 韦尔弗（Franz Werfel，1890—1945），奥地利作家，生于布拉格。他的剧本《镜中人》1920 年由慕尼黑库尔特·沃尔夫出版社出版。

2 卡夫卡提到的这部小说名为《威尔第——歌剧的小说》，1924 年由维也纳保尔·索尔内出版社出版。——雅诺施

“哪里！我很喜欢他的，”卡夫卡热烈地说，“我上中学时就认识他了。马克斯·布罗德、费利克斯·韦尔施、韦尔弗和我四个人常常一起远足郊游。他是年纪最小的，因而也许是最严肃的。他充满青春活力。他给我们朗诵他的诗。我们躺在草地上，眯着眼睛看太阳。那是一段美好的时光，仅仅因为回忆起这段往事，我就不得不喜欢韦尔弗，就像喜欢那段时间的其他同伴一样。”

“您却显得伤心。”我说。

卡夫卡微微一笑，仿佛要道歉似的。“美好的回忆掺进忧伤味道更好。其实我并不忧伤，而是追求享受。”

“这是弗朗茨·布莱[1]的苦根。”

我们两人都哈哈笑起来，但我们只笑了片刻。弗朗茨·卡夫卡很快又严肃起来。

“实际情况当然完全不是这样，”他说，“每当我想起，我一点不理解我的莫逆之交的爱，一点不懂音乐时，我总感到有些许又苦又甜的悲伤。这只是一丝微风，死神的一口清气。它瞬即消逝。然而，我却看清楚了，连那些最亲近的人离我也是多么遥远，这样，我脸上就露出恼怒的表情，这一点您一定要原谅我。”

“要我原谅您？您对我又没有做什么。相反，我缠着问您，

---

1 作为富家子弟，弗朗茨·布莱既有闲情逸致，又有资金，从事既扬名又毁誉的事：既过着花花公子的生活，又创办多家有影响力但不盈利的杂志，让有才华的年轻人如卡夫卡、瓦尔泽、穆齐尔等在这些杂志上发表作品。雅诺施所说“这（享受生活）是弗朗茨·布莱的苦根”当与此相关。

倒要请您原谅呢。”

卡夫卡笑了。“最简单的解决办法是，把责任扩大到您身上。我要收买您。”

卡夫卡打开办公桌抽屉，递给我一本岛屿出版社出的彩色封面小册子。

《沙漠神父和僧侣故事集》[1]，我大声地读出书名。

“这本书很有趣，很动人，”卡夫卡说，“我读得很是享受。僧侣在沙漠中，沙漠却不在他们心中。这是音乐！这本书您不用还我。”

弗朗茨·卡夫卡能用一两句话迅速阐明有争议的事情。而他从来不花什么力气，表现自己才气横溢甚至妙趣横生。无论他说什么，从他嘴里说出来的话总是那样简单、自然、不言而喻。达到这种效果不是靠某种特别的遣词造句的方式、表情或语调。卡夫卡整个人对听者产生影响。他很平静。同时，他活泼的眼睛放射出光芒，每当我在谈话中提到音乐或他的创作活动时，他就露出无可奈何的尴尬神态，眨眼睛示意。

“对我来说，音乐就像大海，”有一次他对我说，“我感动，入迷，慑服，钦佩，但同时又害怕，异常害怕它的辽阔无垠。因为我是个蹩脚水手。马克斯·布罗德则完全不同。他能头朝下跳进哗哗流淌的洪水。他是个获奖游泳运动员。”

---

1 该书由约翰内斯·比勒编选，1919 年由莱比锡岛屿出版社出版。——雅诺施

“马克斯·布罗德是音乐爱好者？”

“很少有人像他那样懂音乐。至少维捷斯拉夫·诺瓦克[1]这么说。”

“您认识诺瓦克？”

卡夫卡点点头。“一面之交。诺瓦克以及其他许多捷克作曲家和音乐家常来马克斯家。他们很喜欢他，他也喜欢他们。只要能做到，他谁都帮助。这就是马克斯。”

“马克斯·布罗德博士捷克语说得很好？”

“好极了，我真羡慕他。您看……”他打开办公桌边上的一个抽屉，“这里有两年完整的《我们的语言》[2]杂志。我在读这本杂志，在努力钻研。可惜，我这份杂志不全。我很想搞到已经出版的每一期杂志。语言是故乡的有声的呼吸。可我是个严重的哮喘病人，因为我既不懂捷克语，又不懂希伯来语。两种语言我都学。但这好像梦似的。我们在外面怎么能找到应来自内心的东西呢？”

卡夫卡关上办公桌旁边的抽屉。“从我诞生的犹太城卡普芬街到故乡的路无限遥远！”

“我出生在南斯拉夫[3]。”我说了这么一句，因为他的眼神深深感动了我。

卡夫卡却慢慢摇起头来。“从犹太城到泰因教堂的路要远得

1 维捷斯拉夫·诺瓦克（Vítězslav Novák，1870—1949），捷克现代著名音乐家。

2《我们的语言》，一本研究捷克语的杂志，主编为米罗斯拉夫·哈勒教授。——雅诺施

3 雅诺施1903年出生于马里博尔，谈话发生时此地属南斯拉夫，今属斯洛文尼亚。

多。我来自另一个世界。”

一天下午——我已记不得确切日期了——我们从老城广场穿过巴黎街，漫步走向伏尔塔瓦河，卡夫卡博士突然在老犹太教堂对面停下，完全不顾先前和我进行的谈话，说道：“您看见犹太教堂了？周围的建筑都比它高。在这些现代房屋中间，它完全是个老式的外来异体，显得格格不入。一切犹太人的东西都这样。这是引起敌对的紧张关系的原因，这种紧张关系一次又一次地发展为摩擦、斗争。按我的看法，隔离区起先是一种缓和矛盾的手段。犹太人周围的世界想从身上除去外来异物，用隔离墙缓和紧张关系。”

我打断他的话：“这当然荒唐至极。用隔离墙只是更增加了互相疏远的成分。隔离墙拆除了，反犹主义却依然存在。”

“隔离墙移到了内心，”卡夫卡博士说，“犹太教堂现在已经低于这条街的平均高度了。然而人们还将继续干下去。他们将消灭犹太人，企图以此摧毁犹太教堂。”

“不可能，这我不相信，”我大声喊道，“谁能做到这一点？”

卡夫卡冲我转过脸，脸色阴沉，眼睛无光。

“捷克人不是反犹主义者，”我说，“他们不会受人诱惑，迫害犹太人的。他们不是吸毒者，不是吸食傲慢思想的人。”

“这话是对的，”卡夫卡博士说，同时又踱起步来，“因为捷克人自己就只是强者生活圈里的一个小小的外来异物。人们已经几次想扼杀他们的灵魂。照这些人的意愿，捷克语言和捷克人民都该从地球上消失。但是，从地球的尘土中产生的东西，人们不可能用暴力消灭。一切造物和事物的原始种子总是留在地上。尘土是永恒的。”

卡夫卡紧闭的嘴巴发出一声不可捉摸的声响。我不知道这是一声短暂的嘟哝，还是一声咯咯的笑声。我探询地看着他的脸。但这时，他转变了话题，谈起我的集邮册。

在另一个场合，当我们谈起为捷克语的纯洁而努力的人时，他说：“捷克语的最大困难在于怎样把它和其他语言正确地区分开来。捷克语是年轻语言，因此必须细心地加以保护。”

“音乐产生新的、更加细腻、更加复杂，因而更加危险的刺激，”弗朗茨·卡夫卡有一次这样说，“而文学则要澄清纷乱复杂的刺激，把它上升为意识，加以净化，从而赋予它人性。音乐是感官生活的成倍增加。而文学则压制感官生活，把它引到更高的层次。”

我力图给卡夫卡讲清我刚读过的一个剧本的思想内容。

“这一切在剧本里都是这么说的？”他问。

“不，”我回答，“作者对这些事情做了形象描绘。”

他点了一下头。“这是正确的。只是‘说’某件事，那是太少了。我们必须‘体验’那些事情。这里，语言是重要的中间人，是媒介，是生动活泼的东西。但是，人们不能只把它当成手段来对待，人们必须体验它，忍受它。语言是一位永恒的情人。”

他对一本表现派诗人的选集[1]说了这样一段话："这本书让我忧伤。诗人向人们伸出了手。但人们看见的却不是友好的手，而是痉挛地握在一起、对着他们眼睛和心脏的拳头。"

我们谈论柏拉图的《法律篇》。我曾在欧根·迪得里希出版社出版的柏拉图文集中读过这些文章。

我反对柏拉图把诗人排除在他的国家共同体之外。

卡夫卡说："这很容易理解。诗人总想给人安上另外的眼睛，以便改变现实。因此，他们是国家的危险分子。他们想变革，而国家和所有忠于国家的臣仆却只想维持原状。"

我们有一次经过护城河时，在诺伊格鲍尔书店的橱窗里看见一张小小的黑白布告，邀请感兴趣者去听通神论学者鲁道夫·施泰纳[2]的报告。

卡夫卡问我是否认识他。

"不认识，"我说，"我只知道有这么一个人。我父亲认为他是个密教阐释家，为富人制造他们喜欢的宗教代用品。"

卡夫卡博士默不作声。看来他在思考我对他说的话。我们拐进赫伦街时，他谈了他的看法："代用宗教这个概念太可怕了。我这样说并不是指这样的东西不存在。事实正相反，世上存在着

1 指诗选《人类之黄昏》。——雅诺施

2 鲁道夫·施泰纳（Rudolf Steiner，1861—1925），人智学创立者，不时到布拉格活动，受到各德意志-犹太小组的支持和赞助。——雅诺施

一系列代用宗教，它们每一种都是专门的异端邪说。”

“您怎样区别正确与妄想？”

“通过实践。神话只有通过在日常生活中的运用才变得真实，产生效用，否则它只能是让人眼花缭乱的幻想游戏。因此，每一个神话都是与礼拜仪式的使用说明联系在一起的。宗教程序被简化了，但它不是简单的东西。它要求牺牲。人们首先得放弃一部分舒适生活。这不适合那些日子过得很好的人。因此，他们寻找舒适的代用品。在这一点上，您父亲的话是对的。然而，真的能为某种真理的基础找到代用品吗？”

“不能！”我赞同他的看法，“那是引人走上迷途。”

“当然是这样！正像空气对身体来说不可替代那样，真理对灵魂来说也是不可替代的，因此对身体来说，自然也是不可替代的。”他脸上露出笑容，“在创造中不存在劳动分工。整体与个别总是同时进行，同样重要。划分为专门领域是人的发明，人被整体的大海，被昨天、今天和明天所吓倒。通神学这种对思想内涵的热爱不外乎是对整体的渴念、追求。人们在找路。”

“施泰纳指出了这条道路？”我问道，“他是预言家还是江湖骗子？”

“我不知道，”卡夫卡博士回答，“我对他不熟悉。他是个非常能说会道、机智敏捷的人。不过这种性格也是骗子的本领之一。我不是说施泰纳是骗子。但也不是不可能。骗子总是企图用简便的方法解决复杂困难的问题。施泰纳研究的问题是一切问题中最困难的。那是意识与存在之间的一条黑暗的裂缝，有限的水珠和无限的大海之间的张力。我想，这里只有歌德的态度是正确的。人们必须在尊重不可认识的东西的同时，把一切可以认识的东西加以整理和吸收。对我们来说，最小的事和最大的事一样，都必定是亲近的，有价值的。”

“这也是施泰纳的观点吗？”

卡夫卡耸了耸肩，说：“我不知道。但是，这也许不是他的过错，而是我的过错。施泰纳离我太远了。我无法进一步了解他。我把自己包得太紧了。”

我笑起来，说：“您是一只蝶蛹！”

“是的，”卡夫卡严肃地点点头，“我包在一层铁硬的茧壳里，别指望能从这茧里飞出一只蝴蝶来。但这也只是我的错误，或者说，这是反复发生的无望的罪孽。”

“那么您写的东西呢？”

“那只是些习作，是些无用的碎纸片。”

我们到了邮政总局对面的街角。卡夫卡和我握手。“对不起，我和布罗德约好了！”说完，他就迈着大步跨过行车道。

我陪卡夫卡从办公室回家。在老城广场他父母家门口，我们意想不到地遇见费利克斯·韦尔施、马克斯·布罗德和他的妻子。大家互相说了几句话，约好晚上去看奥斯卡·鲍姆。

卡夫卡的朋友离开以后，他突然想起，我是第一次和布罗德的妻子相遇。他说：“我没有介绍您，非常抱歉。”

“这没有关系，”我说，“我倒有时间好好看看她了。”

“您喜欢她吗？”卡夫卡问我。

“她的蓝眼睛漂亮极了。”我说。

卡夫卡很惊讶，说：“您马上就注意到了？”

“我研究眼睛。眼睛告诉我的比言语还多。”我得意地说。

但弗朗茨·卡夫卡却没有听我讲话。他严肃地看着别处。

“我的所有朋友都有一双奇妙的眼睛，”他说，“他们眼睛中的光是我生活在其中的黑暗地牢唯一的亮光。不过，这也只是人造光。”

他笑了，跟我握手后就走进了房子。

卡夫卡患有失眠症。提起失眠，他说：“在失眠背后，也许只隐藏着对死亡的巨大恐惧。我也许害怕，灵魂在睡眠时离开我就再也回不来了。也许失眠只是对罪恶的清醒意识，害怕迅速受审判的可能性。也许失眠本身就已经是罪过。也许，失眠是对自然的东西的反抗。”

我说，失眠是一种病。

卡夫卡回答：“罪恶是任何一种疾病的根。这是死亡的原因。”

我和卡夫卡参观在护城河边的展览厅举行的法国画展。那里展出了毕加索的画：立体派静物画，玫瑰色的大脚女人。

“这是位肆意变形的画家。”我这么评论说。

“我不这么认为，”卡夫卡说，“他只是记下了尚未进入我们意识的各种畸形而已。艺术是一面镜子，它和钟表一样，有时也会‘走快’。”

1921年春，布拉格安装了两台国外发明的自动照相器，这照相器能在一张相纸上拍下一个人的——我记得是——十六种或更多不同的脸部表情。

我拿着一组这样的照片去找卡夫卡博士，兴冲冲地对他说：“我们花几个克朗，就能从各个方面拍下照片。这自动机器名叫‘认识你自己’。”

“您是想说‘错认你自己’吧！”卡夫卡博士说，脸上漾起一丝笑意。

我表示不同意：“为什么？照相可不骗人！”

“这是谁告诉您的？”卡夫卡博士把头侧向一边，“照相把目光引向表层。这样，它通常就模糊了隐蔽的本质，这本质只是像一丝光、一片影子那样，通过事情的特征影影绰绰地透射出来。即使用最好的透镜，我们也看不清它，无法把握它。我们只能用感觉去摸索。难道您以为，千百年来，成千上万的作家、艺术家、科学家和魔术家怀着惴惴不安的渴念和希望所面对的深不可测的现实，这一再往后退却的现实，我们只要按几下这架廉价机器的键钮就能把握？我很怀疑。这台自动照相器不是复杂的人眼，而只是简化得无以复加的苍蝇之眼。”

我带去构成派绘画的照片。

卡夫卡说：“这一切只是奇妙的美国，一个充满无限可能的魔幻国家的梦幻。这是完全可以理解的，因为欧洲越来越变成无比狭隘的国度。”

我们观看格奥尔格·格罗兹的政治画集[1]。

“这是仇恨。”我说。

卡夫卡奇特地微微一笑。他停了一会儿，然后说：“这是失望的青年。这种仇恨是由于不可能爱而产生的。表现力来自某种特定的弱点。这是这些画中绝望和暴行的根源。此外，我曾在一本年鉴里读到过格罗兹的诗。”

卡夫卡指着画说：“这是画下来的文学。”

对于那些对他来说不是事实的声音符号，而是独立的、不可辩驳的真理的概念的狭隘字义，弗朗茨·卡夫卡有时表现出强烈的不满，其强烈程度使人想起狂热的犹太教教典主义者的倔强固执。

“字必须加以精确的界定，”他有一次这么说，“否则，我们会跌进完全意想不到的深谷。我们爬不上削得光光的石阶，反而会陷在烂泥淖里。”

因此，最使卡夫卡博士生气恼火的就是不精确的、模糊的、不负责任地说出的话语。在这种场合，他的声音有时会变得又尖又硬，而这在他身上是非常异常的事情。引发这种情况的常常是

1 指格罗兹的画集《统治阶级的脸谱》，柏林马立克出版社出版。——雅诺施

一个普普通通的、毫不重要的字眼或者一件在其他人看来无足轻重的小事。

一次我到他办公室时，他正惘然若失地凝视着放在他桌子上的一本褐色封面的大书。我向他问候，他只点了一下头作答，然后马上诉说起来："您看，他们在我桌子上都放了什么东西！"

我朝桌面看了一眼说："一本书！"

听了我的回答，卡夫卡却变得不耐烦起来。"是，一本书！实际上它却只是一样空洞无物的玩意儿。这是一本人造革封面的书，然而既没有一点艺术的痕迹，也没有一点皮革的影子[1]。全部是纸。而内容呢？您自己瞧瞧！"

他翻开书。我看见空白的、黄灰色办公用纸。

"里头什么也没有！"卡夫卡博士激动地说。

"人们是不是要用这本书向我暗示什么？这本不是书的书意味着什么？我只是到隔壁房间去了几分钟。我回来时，这玩意儿就放在桌子上了。"

我谨慎地说："这东西也许不是给您的。就我所知，档案室的迪内尔·塞德尔搞装订。您给他打个电话。也许是他把这本书给什么人的。"

卡夫卡采纳了我的建议，给塞德尔打了个电话。他这才听说，人造革封面的本子是塞德尔放在桌上，给特雷默尔博士的。卡夫卡的同事有时让人为他装订这种空白纸本子，用来做私人摘记。

---

1 德文"人造革"一词由 Kunst 和 Leder 两个词构成，Kunst 意为艺术、人工制品，Leder 意为皮革。

这使卡夫卡博士放了心。他叉开手指，把手放在桌面上，出神地看了一会儿我放到特雷默尔博士桌上的人造革封面本子。然后，他慢慢地向我转过脸，像一个又小又腼腆的学生那样微笑着，轻声对我说："您会觉得我的态度疯疯癫癫的。可是我没有办法，我害怕一切假象。'仿佛、似乎'永远是恶的圈套。这您到处都会看见。最叫人讨厌的莫过于把一切活动都转变为反面的假象。"

我不知道，在旧奥匈帝国电影业是怎么组织的。在捷克斯洛伐克第一共和国，只有得到特别电影许可证才能办电影院。而这种许可证原则上不发给自然人，而只发给"爱国法人"，如消防队、体操协会以及"其他公益组织"，这些组织通常又把许可证租给资本雄厚的企业，收取固定金额或红利的一部分。

因此，电影营业许可证等于一张有价证券，其价格和收益在捷克斯洛伐克第一共和国逐年提高，因为经历了第一次世界大战的贫乏生活以后，各阶层广大人民的娱乐需求大大提高，因而电影观众的数量大大增加。这样，电影营业许可证的所有者就从许可证的租用者那里得到一大笔钱，各个团体的管理人尝到了甜头，增强了虚荣心，坚持永远将他们的公益团体或爱国团体的名字作为租用他们的营业许可证的电影院的名字。

这样就出现了以下的情况：捷克"雄鹰"体操协会在全国城乡的所有电影院都叫"雄鹰"。捷克雇佣军团士兵联合会把他们的许可证租给了劳工工伤保险公司旁的电影院，他们为了纪念军团在俄国的行动[1]，把他们的电影院命名为“西伯利亚”。社会民主党领导机关的电影院则叫“人民电影院”。

除了这些很容易理解的电影院名称外，在捷克斯洛伐克第一共和国有许多名字奇特的电影院。比如，某重要工业中心的最大电影院名叫“卫生”，因为它的许可证是属于红十字会的。许多人不知道这一点。相反，当时在全共和国，人们都知道“卫生”是一家疝带厂的商标。所以，爱打趣的人常常把红十字会的电影院叫作“急救电影院”或“绷带电影院”。

全世界电影院名称中最荒唐的大概要算布拉格齐斯科夫工人区一家小电影院门口的名称了。上面写着“盲人电影院”，因为电影院许可证属于盲人福利会。

我给弗朗茨·卡夫卡博士讲起这些情况时，他先是瞪大了眼睛，然后爽朗地哈哈大笑起来，我以前从没有听他这样笑过，以后也从未听见过。

他笑过以后说：“盲人电影院！其实所有电影院都应叫这个名字。看这些银幕画面，人们只能变成现实盲。您觉得这个盲人电影院怎么样？”

“我在那里工作。”我答道，并告诉他我是怎么到那里工作的。

“盲人电影院”在齐斯科夫的一间旧仓库里，一位从美国回来的捷克移民买下仓库，把它改建为很简陋的电影院。周围的居民看不上这家电影院，只叫它“仓库电影院”。电影院代替不了

1 捷克斯洛伐克雇佣军团成立于 1914 年，在苏俄内战中与白军为伍对抗红军，曾控制西伯利亚多座重要城市。

像样的剧院，只是简单破旧的文化饲料槽，附近的人常常只穿着便鞋，不戴衬衣领就进电影院，一边看，一边用粗鲁的语言评头品足。

每次放映时，电影院主人都戴一顶圆顶大礼帽，坐在乐队[1]旁，每每听到这些评头品足的议论，就感到是对他本人的侮辱，于是他扯起嗓子嚷两句，以示抗议。

倘若这时还有人从黑暗的大厅里朝他说什么，他就带着两个强壮的引座员冲进观众席，抓住喧闹者，将其拉到门口。他通常都是一边拉，一边吼道："出去！我们不是下等酒馆，而是剧院。您喋喋不休地讲话，就是侮辱安静文明地看电影的所有人。所以请您出去！我说得对不对？"

他这问题是向观众说的，观众像古典齐诵队一样一齐喊起来："对！轰出去！揍他！安静！继续放映！"

粗鲁的喧闹者在音乐伴奏下被赶出了放映厅，因为在他们争吵期间，小小的影院乐队继续演奏着。每个演奏员在受聘时，都明确承担这样的义务。在发生争吵和把某个喧闹者赶出影院时继续演奏是协商好的工作条件之一，而在其他方面，这里的工作条件也不特别有利。

在工作日，"盲人电影院"只放映一场晚场，星期天和节假日才放映三场。演奏员按演奏的场次取得报酬，因此收入不高。所以，在"盲人电影院"演奏的不是职业音乐家，而是从事其他

1 在默片时代，电影放映时需要乐队现场配乐。

各种职业的业余乐师。他们把演奏当成舒适的兼职。乐师中有我以前的同学奥尔达·S.，白天，他在瓦茨拉夫广场附近一家小药品杂货铺站柜台，晚上到齐斯科夫“仓库电影院”当第二小提琴手，演奏进行曲、轻歌剧乐曲、间奏曲、歌剧集锦、华尔兹以及其他乐曲。

这支小乐队的风琴手是一位好喝酒的老教师，有一次在排练时——我记不得是什么时候了——突然中风，从椅子上摔了下来，小乐队没有可代替风琴手的木管乐器手。这时奥尔达叫我去帮忙。我具有所需要的演奏技能，院方马上就和我签订了合同，这样，我就在“仓库电影院”演奏了一段时间木管乐器。

我演奏一场挣二十克朗，这对我来说是一笔巨大的财富。我用第一个星期的工资请装订工为我把卡夫卡的三个短篇——《变形记》、《判决》和《司炉》——装订成一本深褐色皮革封面的合订本。装订工在封面上烫了一丛荆棘，在荆棘下面加了线条流畅的烫金名字“弗朗茨·卡夫卡”。

我给卡夫卡博士讲“仓库电影院”时，这本书就在我膝盖上的皮包里。我拿出皮面精装书，自豪地递给弗朗茨·卡夫卡。

“这是什么？”他惊讶地问。

“这是我第一个星期的工资。”

“这不可惜吗？”

卡夫卡的眼睑颤动了几下。他的嘴扭歪了。他看了几秒钟烫金名字，粗粗翻了翻书，就把书放到我面前的桌子上。很明显，他生气了。

我正要问他，他什么地方不喜欢时，他咳嗽起来。

他从上衣口袋里掏出手绢，捂住嘴，咳过一阵以后，把手绢放进口袋，起身走到他背后的洗手池，洗了手。他一边擦手一边对我说："您对我评价过高了。您的信任让我感到沉重。"

他坐到办公桌边，两手按着太阳穴说："我不是燃烧的荆棘丛。我不是火焰。"

我打断他的话："您不能这样说。这是不公正的。比如对我来说，您是火、热、光。"

"不！不！"他一边摇头，一边反驳说，"您错了。我这些随便涂写的东西不值得订成皮面精装书。这只是我个人的噩梦。根本不该印出来。这些东西该烧掉、毁掉。是些没有意义的东西。"

我激动起来，不由自主地要反驳他："这些话是谁告诉您的？您怎么能这样说？您能看见未来？您刚才跟我说的，都是主观感觉。您所谓随便涂写的东西，到明天也许是世界的重要声音。这一点谁能未卜先知？"

我深深吸了一口气。

卡夫卡凝视着桌面。他抿紧嘴角，形成两条皱纹。

我态度太激烈了，不觉有些羞愧，于是我用解释的口吻平静地说："您还记得参观毕加索画展时您说的话吗？"

卡夫卡不解地看着我。

我继续说道："您当时说，艺术是一面镜子，像一只没有调准的钟表那样走快了。您写的东西在今天的'盲人电影院'里也许只是明天的一面镜子。"

“请您别说这个了。”卡夫卡双手捂住眼睛，痛苦地说。

我向他道歉：“请原谅。我并不想惹您生气。我怎么这样蠢。”

“不，不，您不蠢！”卡夫卡的手依然捂着脸，来回晃着上身，“您说得不错，您的话肯定不错。可能这就是我一事无成的原因。我害怕真理。可是我们还能怎么做？”他猛地把手从眼睛上拿开，握成拳头支撑到桌子上，身体前倾，压低声音说：“如果我们帮不了什么忙，我们就只能沉默。谁也不允许用自己的绝望去让病人的状况恶化。因此，我的全部拙笔都该毁掉。我不是光。我只是在自己的荆棘丛里迷了路。我是死胡同。”

卡夫卡靠到椅背上。他的手无力地从桌面上滑下。他闭上了眼睛。

“这我不相信，”我自信地说，马上又换了安慰的口吻，“即使真的是死胡同，向人们指出死胡同也是一大功绩。肯定还有别的人也走您这条路。”

听了我这几句话，卡夫卡只是慢慢地摇摇头。“不，不……我太虚弱、太累了。”

我感到我们之间的气氛有些紧张。为了缓和气氛，我轻声地说：“您最好放弃这里的工作。”

卡夫卡点点头，说：“是的，我应该这样做。我本想在办公桌后躲藏起来，然而，办公桌却使我更加虚弱。”说到这里，卡夫卡非常痛苦地笑了笑，“办公桌变成了一座盲人电影院。”说完，他又闭上了眼睛。

这时，我听见身后响起了敲门声，非常高兴。

我带了在诺伊格鲍尔书店买的几本新书，让卡夫卡看。

卡夫卡一边翻看格奥尔格·格罗兹的一本画册，一边说："这是资本的古老面貌——戴礼帽的胖男子坐在穷人的金钱上。"

"这只是一个比喻。"我说。

卡夫卡皱起了眉头。"您说'只是'！在人的朦胧意识中，比喻变成了现实的反映，这当然是错误的。可是这已经是迷误了。"

"您是说，博士先生，这幅画是错的？"

"我不想这样说。这画既对又错。只有一个方面是对的，至于它把局部宣布为全景，则是错的。戴礼帽的胖男子骑在穷人的脖子上，这是正确的。但是，胖男子是资本主义，这就不完全对了。胖男子是在某个特定的制度范围内统治穷人的。但他并不是制度本身。他甚至不是制度的统治者。相反，胖男子也戴着画上没有画出的镣铐。这幅画是不完整的，因此不是好画。资本主义是一系列从里向外、从外向里、从上向下、从下向上的依附关系的体系。一切事物都具有依附性，一切都受制约束缚。资本主义是世界和灵魂的一种状况。"

"那么要是您来画，您将如何描画它？"

卡夫卡耸耸肩，忧伤地笑了笑。"我不知道。我们犹太人原本不是画家。我们不能静止地描绘事物。我们总是看见各种事物在流动、运动、变化。我们是小说家。"

这时进来一个职员，打断了我们的谈话。他离开办公室后，我想继续谈论刚才已经开始的十分有趣的话题。卡夫卡却说："不谈这个了。一个小说家不能谈论叙述。他要么叙述，要么沉默。这就是一切。他的世界要么在他身上发出声响，要么在沉默中沉沦。我的世界正在消失。我已经燃尽了。”

我让卡夫卡看我的朋友弗拉基米尔·西克拉[1]为我画的肖像。他看了画高兴极了。他说了几次这样两句话：“这幅画美极了。它真实极了。”

“您是说，这幅画像照片那样逼真？”

“您想哪儿去了！最能欺骗您的莫过于照片。真实是心灵的事。而心，只有用艺术才能接近。”

“真正的现实总是非现实的，”弗朗茨·卡夫卡说，“您看看中国彩色木刻版画的清、纯、真。能这样说话，真是一种本事！”

卡夫卡博士不仅钦佩古老的中国绘画和木刻艺术，还读过德国汉学家卫礼贤[2]翻译的中国古代哲学和宗教书籍，这些书里的成语、比喻和风趣的故事也让他着迷。

有一次，我把老子的《道德经》的第一本捷文译本带到保险公司。就这个机会，我发现了卡夫卡对中国的兴趣。卡夫卡饶

---

1 弗拉基米尔·西克拉（Vladimir Sychra），生于1903年，捷克现代画家，美术学院教授。——雅诺施

2 卫礼贤（1873—1930），德国著名汉学家。本名理查德·威廉（Richard Wilhelm），1897年来华传教，取名卫希圣，字礼贤。他翻译了多种中国古代哲学和宗教书籍，如《论语》《道德经》《孟子》《大学》《易经》《庄子》等，另有研究中国文化、哲学的专著多种。

有兴味地翻阅了一会儿纸张很差的书，然后把它放到桌子上说：“我深入地、长时间地研读过道家学说，只要有译本，我都看了。耶拿的迪得里希斯出版社[1]出版的这方面的所有德文译本我差不多都有。”

为了证明这一点，他打开办公桌边上的抽屉，从里头拿出五本有黑色装饰图案的黄色封面精装书，放到我面前的桌子上。

我一本一本拿起这些书：孔子的《论语》《中庸》，老子的《道德经》,《列子》，庄子的《南华经》[2]。

我把书放回到桌子上，说：“这是一笔巨大的财富。”

“是的，”卡夫卡博士点点头，“德国人做事很认真。无论什么，他们都要把它办成博物馆。这五本书还只是整个文库的一半。”

“其他五本您以后还会得到？”

“不，这几本就够了。这是一片大海，人们很容易在这片大海里沉没。在孔子的《论语》里，人们还站在坚实的大地上，但到后来，书里的东西越来越虚无缥缈，不可捉摸。老子的格言是坚硬的核桃，我被它们陶醉了，但是它们的核心对我却仍然紧锁着。我反复读了好多遍。然后我却发现，就像小孩玩彩色玻璃球那样，我让这些格言从一个思想角落滑到另一个思想角落，而丝毫没有前进。通过这些格言玻璃球，我其实只发现了我的思想

---

1 该出版社曾出版卫礼贤翻译的十卷本《中国古代思想家文库》，内容包括中国古代宗教、哲学、自然哲学、道教及其派别等。——雅诺施

2 即《庄子》。唐玄宗于天宝元年（742）诏封庄子为南华真人，尊《庄子》为《南华真经》。

槽非常浅，无法包容老子的玻璃球。这是令人沮丧的发现，于是我就停止了玻璃球游戏。这些书中，只有一本我算马马虎虎读懂了，这就是《南华经》。”

卡夫卡拿起署有庄子名字的书，翻了一会儿，说：“有几段我画了线。比如这儿：‘不以生生死，不以死死生，死生有待邪？皆有所一体。’我想，这是一切宗教和人生哲理的根本问题、首要问题。这里重要的问题是把握事物和时间的内在关联，认识自身，深入自己的形成与消亡过程。这里，再下面几行，我画了整整一段。”

他把打开的书递给我，书翻在第167页，他用铅笔画了四道线，框住了下面这段话：“古之人外化而内不化，今之人内化而外不化。与物化者，一不化者也。安化安不化？安与之相靡？必与之莫多。狶韦氏之囿，黄帝之圃，有虞氏之宫，汤武之室。君子之人，若儒墨者师，故以是非相鳌也，而况今之人乎！圣人处物不伤物。”[1]

我把打开的书递给卡夫卡博士，看着他，期待他做一番评论。他却无言地合上书，把它和其他书一起放回办公桌的抽屉里，于是我压低声音说：“我不懂这段话。说老实话，这些话对于我来说太深奥了。”

卡夫卡愣了一会儿。他稍稍歪着头，静静地看了我片刻，然后慢慢地说：“这是正常的。真理总是深渊。就像在游泳学校那

1 两段引文见《庄子·外篇·知北游》。

样，人们必须敢于从狭窄的日常生活经验的摇晃的跳板上往下跳，沉到水底，然后为了边笑边呼吸空气，又漂浮到现在显得加倍明亮的事物的表面。”

卡夫卡博士像幸福的夏日垂钓者那样露出笑容。要不是我父亲来了，他肯定会给我解释用铅笔框住的这一段话。我父亲来接我，让我去做几件事。我只能希望，卡夫卡博士以后会再次谈论中国古代哲学家这个话题。

我总相信会有这种可能性。为了加强这种信念，我买了这本对我当时的经济状况来说非常昂贵的庄子的书，用铅笔画出卡夫卡提到过的那一段落。连续几个星期，我总是把书放在皮包里随身带着，因为我想万一谈起庄子来，我就能马上拿出书来。可是卡夫卡博士再也没有提起过《南华经》。于是，我把这本做了很大牺牲买来的书放到书架上。

但是，卡夫卡博士尽管没有谈，看来却仍在研究道家问题。今天我还收藏着的两本小书——克拉邦德译的《老子格言》和菲德勒译的《老子道德经》德译本——证明了这一点。我是从卡夫卡博士那里得到这两本书的。当我问起菲德勒译本的出版人古斯塔夫·维内肯时，他为难地耸了耸肩。

然后他说：“他是德国候鸟运动[1]的发起者和主要发言人。古斯塔夫·维内肯和他的朋友想逃避我们这个机器世界的进逼。他们求助于自然和人类最古老的思想财富。正像您在这里看见的那

1 1901年正式发起的德国青年徒步旅行运动。

样，我们到中国古老文献的译本里探求现实，而不去耐心地阅读自己的生活和责任的原文。对他们来说，前天似乎比今天更容易理解。而实际上，不论何时何地，真理都不可能像在自己生活的时刻那样易于被人接近和理解。只有在此时此地，人们才能获得真理，或失去真理。遮掩真理的只是显现的东西，只是外表。我们必须冲破外表。然后一切就都清楚了。”

卡夫卡博士微微一笑，我则蹙起眉头问道：“但是我们该怎么做呢？我们该如何行动？有可靠的指导吗？”

“没有，没有这样的指导，”卡夫卡博士摇摇头回答，“通向真理的道路没有时刻表。这里需要的是耐心献身的冒险勇气。开方子本身就是一种倒退，就是怀疑，因而也就是歧路的开端。事情就是这样，人们必须耐心地、毫不惧怕地接受一切。人是注定生，而不是注定死的。”

当他讲了这一番很严肃的话后，又用捷克语和德语随便说出下面几句话时，他脸上掠过一丝迷人的、狡黠的微笑：“害怕森林的人不能到森林里去。可是我们大家都在森林里。每个人的情况都不同，每个人都在不同的地方。只有一点是固定不变的，这就是自己的不足。人们必须以此为出发点。”

有一次我和父亲谈论卡夫卡博士。我父亲称他为坚定的孤僻者。他说：“卡夫卡博士很想自己做自己吃的面包，自己揉面自己烤。他也很想自己做衣服。他忍受不了做好的成衣。他怀疑现成的成语。传统习俗对他来说只是一种思想制服和语言制服，被他当作侮辱人格的囚犯隔离沟而拒绝。卡夫卡博士是个坚定的平民，是不能与他人一起分担生活重负的人。他独自一人行进。他是自觉自愿孤独的。这是他身上特别有战斗性的地方。”

几天以后，在卡夫卡博士办公室里发生了一件小事，证实了我父亲的话。

一长列穿着崭新军服、扛着明晃晃枪支的士兵在工伤保险公司外面行进，旗帜飘扬，军号嘹亮。卡夫卡博士、我父亲和我站在开着的窗户旁。我父亲在拍照片，他要从不同角度拍下这行进的队伍。他担心拍不好，白费劲。

卡夫卡博士看着我父亲，轻轻笑了一声，这笑是什么意思不可捉摸。

我父亲见状说：“我已经用了十二张底片了。我想，十二张中也许会有几张好的。”

“可惜这些材料了，”卡夫卡博士说，“这套把戏太无聊了。”

“为什么？”我父亲惊讶地问。

“因为没有什么新东西。”卡夫卡博士回答，然后走向办公桌，“实际上，所有军队都只有一句座右铭：为所有在我们后面坐在收款处和办公桌边的人，前进！现代军队没有人类的真正理想作为他们的目标，而是背叛了一切人性。”

我父亲被这番话所震惊，低头看着地下，说不出一句话。当卡夫卡博士在办公桌边坐下时，他才缓过来，说：“您是反叛者，博士先生。”

“可惜的是，”卡夫卡说，“我陷进了迄今为止最耗精力而又几乎无望的造反之中。”

“反对谁？”我父亲问。

“反对我自己，”卡夫卡博士半闭着眼睛说，然后靠回到圈手椅里，“反对自己的狭隘和惰性。其实就是反对这张办公桌，反对我坐的椅子。”

卡夫卡博士疲惫地微笑着。

我父亲也想跟卡夫卡那样，露出笑容，但是他没有做到。他的嘴唇两侧皱起了两道细细的愁苦的皱纹，眼睑在颤动。

卡夫卡博士肯定注意到了这一点，他递给我父亲几份公文。他对公文做了一些客观说明，想以此消除我父亲的不快情绪。他的目的果然达到了。我父亲亲切地微笑着，和我一起离开了办公室。可是在走廊上还没走几步，他就突然说：“这下你看清了！”

“看清了什么？”我问。

“他的本质！他就是这样，”我父亲说，“用几句话就能让一个人在他面前出尽洋相。这时人们觉得自己像一个用空话填塞的稻草人。他说得对，我们不能生他的气。东拍西照的，纯属荒唐无稽之举。我真想把底片盒里的东西曝光，毁掉。”

我们一起观看登载在激进刊物《六月》上的约瑟夫·恰佩克[1]的亚麻油毡版画。

“画的表现形式我有些不理解。”我说。

---

1 约瑟夫·恰佩克（Josef Čapek，1887—1945），捷克画家，并与他的弟弟卡雷尔·恰佩克（Karel Čapek，1890—1938）一起写了一系列很成功的书。——雅诺施

“那您也就不理解内容。”弗朗茨·卡夫卡说，“形式不是内容的外在表现，而是它的刺激，是通向内容的大门和道路。这种刺激产生了作用，隐蔽的背景也就显现出来了。”

第一次世界大战后，第一批重要的美国电影和查理·卓别林的滑稽短片在布拉格放映时，当时尚年轻的电影迷、今天的电影导演路德维希·文克利克给了我整整一包美国电影杂志和几张卓别林在滑稽短片中的剧照。

我把照片带给卡夫卡博士看。他赞赏这些照片，脸上露出亲切的笑容。

“您了解卓别林？”我问。

“很粗浅，”卡夫卡回答，“我看过一两部他的滑稽片。”

他很严肃、很专注地观看我放到他面前的照片，然后沉思着说：“他是一个精力充沛、埋头工作的人。他对卑劣庸俗的不可改变感到绝望，在他的眼睛里，这种绝望的火焰在冒烟，然而他不投降。同每个真正的幽默家一样，他有一副猛兽的利齿。他用他的利齿向世界进攻。他完全以他独特的方式进攻。他虽然搽白脸、涂黑眼圈，却不是伤感的丑角，也不是尖刻的批评家。卓别林是技术大师。他是机器世界中的人，在这个世界中，他的大多数同胞都没有必要的感情和思想工具，用以真正掌握赋予他们的生活。他们没有想象。于是卓别林就开始工作。就像牙科医生制造假牙那样，他制造假幻想。这就是他的电影。一切电影都是假幻想。”

“送给我这些照片的朋友说，电影交流中心将放映整套卓别林滑稽片。您是不是和我一起去？文克利克一定会带我们进去的。”

“不去，谢谢，还是不去的好。”卡夫卡摇摇头说，“快乐对我来说是一件过于严肃的事情。我会像一个完全卸了装的小丑那样站在那里，不知所措。”

弗朗茨·卡夫卡送给我几期《熔炉》杂志，里面登载着特奥多尔·黑克尔的文章、克尔恺郭尔作品的译文以及卡尔·达拉戈论乔万尼·塞甘蒂尼[1]的论文。

这些文章唤起了我对南阿尔卑斯山画家的兴趣。因此，我的朋友、青年演员弗朗茨·雷德勒送给我塞甘蒂尼的《论文书信集》时，我非常高兴。

我把书带给卡夫卡看，并让他特别注意让我喜欢的下述段落：“艺术不是那种存在于我们身外的真理。那样一种真理没有也不可能有艺术的价值；它是也只能是对自然的盲目模仿，就是说是物质自然的简单再现。然而，物质必须用精神进行加工，才能上升为永恒的艺术。”

弗朗茨·卡夫卡把书从桌面上递给我，凝视了一会儿空中，然后转向我说：“物质必须用精神进行加工。这是什么？这就是体验，不外乎体验和把握体验的东西。重要的是这一点。”

---

1 乔万尼·塞甘蒂尼（Giovanni Segantini，1858—1899），意大利画家。他的《论文书信集》由他的遗孀整理出版。——雅诺施

每次我告诉弗朗茨·卡夫卡我去看过电影时，他总是露出惊讶的神情。当他有一次又改变了他的脸部表情时，我就问他："您是不是不喜欢电影？"

卡夫卡沉思片刻后回答："其实我从未考虑过这个问题。电影自然是一件了不起的玩具。但是我不能忍受，也许我的气质'太重视觉'了。我是个靠眼睛生活的人。而电影却妨碍观看。快速的运动和场景的快速变换迫使人经常地漏看。不是目光制伏图像，而是图像制伏目光。图像冲淹了意识。电影意味着使迄今为止裸露的眼睛穿上了制服。"

"这是一种可怕的看法。"我说，"一句捷克谚语说，眼睛是心灵的窗口。"

"电影是铁制百叶窗。"

几天以后我又提起上述话题。我说："电影是一种可怕的力量。它比新闻还强大得多。女售货员、帽店女店主、女裁缝，等等，都是同一副面孔，都是芭芭拉·拉玛尔、玛丽·毕克馥和珀尔·怀特[1]的面孔。"

"这是很自然的。对美的渴望使女人成了演员。真实的生活只是作家梦幻的反照。现代作家的琴弦是没有尽头的赛璐珞胶片。"

1 芭芭拉·拉玛尔（Barbara La Marr，1896—1926），玛丽·毕克馥（Mary Pickford，1892—1979），珀尔·怀特（Pearl White，1889—1938），均为20世纪初叶美国著名电影演员。

我们谈论一家巴黎杂志的调查，调查的第一个问题是：有年轻艺术吗？

我说："提出有没有年轻艺术的问题难道不是很奇怪吗？只有艺术和庸俗艺术之分。这种庸俗艺术常常披上各种主义和时髦的伪装。"

弗朗茨·卡夫卡说："问题的重点不在中心词'艺术'上，而在修饰词'年轻'上。从这里可以清楚地看出，人们怀疑是否存在艺术青年。今天确实很难想象存在这样自由的、无忧无虑的青年。这些年恐怖的洪水淹没了一切，孩子们也没能幸免。污浊与青年也许是互相排斥的。然而今天的青年在何处？他们与污浊交好，关系那么亲密。人们认识污浊的力量，但是他们忘记了青年的力量。因此他们怀疑青年本身。而没有青年的自信的陶醉，又能算什么艺术？"

弗朗茨·卡夫卡伸出手臂，然后又像瘫了似的把手垂到膝上。

"青年是虚弱的。外界的压力十分强大。一面抵御，一面又要献身，这样就产生了痉挛，扭曲了脸。青年艺术家的语言更多的是掩盖，而不是揭示。"

我告诉他，我在吕迪亚·霍尔茨纳尔家遇见的青年艺术家通常都是四十岁左右的人了。

弗朗茨·卡夫卡点点头。"是这样。许多人到这时候才去弥补他们的青年时代。到这时，他们才做强盗游戏和印第安人游戏。当然他们不是拿着弓箭截断市立公园的道路。不是这样的！他们坐在电影院里，观看惊险电影。如此而已。黑暗的电影院是他们被耽误的青年时代的简易幻灯机。”

在谈论年轻作家时，弗朗茨·卡夫卡说：“我羡慕青年。”

我对他说：“您还不老嘛。”

卡夫卡微笑着说：“我与犹太民族一样老，像永恒的犹太人一样老。”

我从一边看着他。他把胳膊放到我的肩上。“看您吃惊的样子。这只是可怜地尝试着讲个笑话。不过，我确实羡慕青年。一个人年纪越大，他的视野就越宽。但是他的生活可能性就越来越小。最后剩下的就只是一次仰视，一次呼气。在这个时刻，人也许能通观他的一生。第一次，也是最后一次。”

我给卡夫卡博士带去布拉格捷克文杂志《六月》的一期专号，上面登着纪尧姆·阿波利奈尔[1]的长诗《区域》的译文。不过卡夫卡博士已经读过这首诗。

他说：“译文发表后我立即就读了。我也读过法文原文。这首诗收在诗集《醇酒集》[2]里。这本诗集和福楼拜书信集的廉价新版书是我在战后得到的头两本法国书。”

我问道：“您印象如何？”

“什么印象？是指阿波利奈尔的诗还是恰佩克的译文？”卡夫

1 纪尧姆·阿波利奈尔（Guillaume Apollinaire，1880—1918），法国现代主义诗人，对法国超现实主义作家产生过影响。

2 阿波利奈尔的《醇酒集》1913年出版，是诗人的代表作。卡雷尔·恰佩克的译文登载在1919年2月6日布拉格《六月》杂志上。——雅诺施卡把问题表述得更加精确。

“两者。”我加以说明，并马上发表了我的看法，“我完全被迷住了。”

“这我可以想象，”卡夫卡说，“诗和译文的语言都是杰作。”

这话让我兴奋起来。我的“发现”得到了卡夫卡博士的赞同，使我非常高兴。于是我滔滔不绝地谈起我的快乐，并说明我欣喜的原因。我引了诗歌开头的诗行，阿波利奈尔把埃菲尔铁塔当作一群咩咩叫的汽车羊群的女牧羊人与她攀谈；我谈起了他提到的布拉格犹太人市政厅上标着希伯来文钟点符号的大钟，引了描写城堡区的圣维特大教堂[1]里的瓦茨拉夫礼拜堂中镶着玛瑙和孔雀石的墙壁的诗文；最后，我对阿波利奈尔作品的评价达到了顶峰：“这首诗是横贯在埃菲尔铁塔和圣维特大教堂之间的抒情彩虹，这道彩虹怀抱着我们时代的整个色彩斑斓的现象世界。”

“是的，”卡夫卡博士点点头说，“这首诗确实是一件艺术品。阿波利奈尔把他的视觉体验归纳成了某种类似幻觉的东西。他是一位能手。”

最后一个句子有一种奇特的双关意味。在字面上的钦佩之外，我感到他有一种没有说出却让人清楚地感觉得到的保留态度，他的保留态度使我不由自主地产生了某种共鸣。

“一位能手？”我慢慢地说，“这个词我不喜欢。”

“我也不喜欢，”卡夫卡坦率地，在我看来又是轻松地说，

1 布拉格城堡内最高的建筑，是一座哥特式教堂，建于 14 世纪。

“我反对任何一种熟巧。能手由于有骗子的熟练技巧而超越于事物之上。但是，一个作家能超脱事物吗？不能！他被他所经历、所描写的世界紧紧抓住，就像上帝被他所创造的造物紧紧抓住一样。为了摆脱它，他把它从身上分离出来。这不是熟巧行为。这是一次诞生，一次生命的繁殖，与其他任何一种诞生一样。您听说过，妇女是生孩子的能手吗？”

“没有，我从来没有听说过。诞生和熟巧两字合不到一起。”

“当然合不到一起，”卡夫卡博士点点头，“没有熟练的分娩。只有困难的分娩或顺利的分娩，无论哪种情况，分娩都是痛苦的。熟巧是给骗子保留的。没有艺术家的地方，这些骗子就出来活动。这一点您从阿波利奈尔的诗里也可以看出来。他把他的种种空间经历凝聚成一个超人的时间幻觉。阿波利奈尔在我们面前展示的是一部文字电影。他是个变戏法的，给读者变出轻松愉快的图像。作家是不会这样做的，只有要花招的人，只有逗乐的人才这样做。作家总是力图把他的幻觉纳入读者的日常生活经验之中。为此，他采用看似平淡而读者非常熟悉的语言。比如这里，您就能看到。”

卡夫卡博士说着，就从办公桌的抽屉里拿出一本灰绿色纸板封面的小书，放到我面前。“这是克莱斯特[1]的小说，”他说，“这是真正的创作。语言非常清楚。您在这里找不到矫饰的语言，看不到装腔作势。克莱斯特不是骗子，不是逗趣者。他的一生是在

---

1 克莱斯特（Heinrich von Kleist，1777—1811），德国剧作家、小说家。重要作品有戏剧《破瓮记》《洪堡王子》，小说《米歇尔·科尔哈斯》等。

人和命运之间幻影似的紧张关系的压力下度过的，他用明确无误的、大家普遍理解的语言照亮并记述了这种紧张关系。他要让他的幻景变成大家都能触及的经验财富。他为此而努力，却不要言语游戏，不做评论，不施用诱惑。在克莱斯特身上，谦虚、理解和耐心变成任何一次成功的分娩所需要的力量。因此，我反复阅读克莱斯特的作品。艺术不是瞬即消逝的惊愕，而是长期起作用的典范。这一点，您从克莱斯特的小说里可以很清楚地看出来。这里是现代德语语言艺术的根。”

德国达达主义[1]领袖理查德·许尔森贝克在布拉格做了一个讲座。我就此写了一份报告。我把手稿带给卡夫卡。

卡夫卡看了报告后说：“您的报告不该叫达达，而应叫度度。文章的字里行间充满了对人的巨大渴念。从根本上说，这是渴望生长，渴望自己的小我的扩展，渴望群体。人们从伤感的小我的孤独中逃到天真的愚蠢行为的喧闹中。这是自愿的，因而是有趣的癫狂。但这是疯癫。——倘若人们失去自身，他还能找到他人吗？他人——这就是极其深刻的世界——只是悄悄地吐露心曲。而他们安静下来的唯一目的则是举起食指，指责人家说：‘你，你[2]！’”

---

1 第一次世界大战期间出现的现代文艺流派。达达运动的宗旨在于反对一切有意义的事物，反对一切传统，反对一切常规。“达达”两字作为文艺运动的旗号，本身并无任何意义。

2 德文的“你，你”发音为“度，度”。

我事后烧掉了手稿。

我写了一篇评论奥斯卡·鲍姆长篇小说《通向不可能之事的门》的文章。卡夫卡把我的文章交给费利克斯·韦尔施，后者在《自卫》杂志的副刊上把文章登了出来。几天以后，我在卡夫卡的办公室里遇见那位名叫古特林的职员，他立刻分析起我的文章来。

他自然是持否定的看法。在他看来，我的文章和鲍姆的小说都是“一个病态人物的达达主义表现”。

我没有吱声。

但是，当他第五次重复上述观点时，卡夫卡插话了：“假如说达达主义是病态的话，那也只是一种外部征兆。如此而已。但是，孤立地压制疾病的外化表现，并不能消灭疾病。相反，这样做情况只能更糟。一个向体内生长扩散的肿瘤比几个体表肿瘤要危险得多。要真正治愈疾病，就必须铲除引起病变的根源。这样，由痉挛引起的畸变就会自行消失。”

古特林没有回答。

这时进来另一位职员，争论就结束了。办公室里只剩我和卡夫卡两人时，我问道：“您也认为，我评论鲍姆小说的文章是达达主义的？”

卡夫卡微微一笑。“这话从哪里说起？我对您的文章一句话没有说。”

“我请您……”

卡夫卡做了个轻蔑的手势。“这可不是评论！就像小男孩挥舞玩具刀那样，批评者挥舞‘达达主义’这个词。他要炫耀他那可怕的武器，因为他很清楚，他的武器其实不过是玩具。我们只要向他伸出一把真正的大刀，就足以让这孩子安静下来，因为他担心搞坏他的玩具。”

“您原来没有谈鲍姆和我的文章，而是在谈达达主义。”

“是这样，我察看大刀。”

“不过您把达达主义看成病症。”我说。

“达达主义是一种残疾，”弗朗茨·卡夫卡非常严肃地说，“精神脊柱已经断裂。信仰已经破灭。”

“什么是信仰？”

“有信仰的人无法给信仰下定义，没有信仰的人下的定义则笼罩着被嫌弃的影子。因此，信徒不能说，非信徒不应该说。先知一向只说信仰的支撑点，从来不说信仰本身。”

“这些支撑点说明了信仰，信仰则闭口不谈自己。”

“情形就是这样。”

“那基督呢？”

卡夫卡垂下头。“这是一条明亮的深渊。人们必须闭上眼睛，免得掉下去。马克斯·布罗德在写一本名为《异教、基督教、犹太教》[1]的巨著。通过与这本书的对话，我也许会搞明白一点我自身。”

“您对这本书抱这么大的期望？”

“不只是对这本书寄予期望，更是寄希望于每一片刻。我尽

1 布罗德所著《异教、基督教、犹太教》一书1922年由慕尼黑库尔特·沃尔夫出版社出版。——雅诺施

力使自己成为接受恩惠的真正候补人。我等待，我观看。恩惠也许来，也许不来。也许，这种既平静又不平静的期待就是恩惠的使者，甚或恩惠本身。我不知道。然而这并不使我感到不安。在这期间，我已经和我的无知交了朋友。”

我们在谈话中讨论了各个不同教派的优点和缺陷。我力图从卡夫卡嘴里听到他本人的解释，但是我没有成功。

弗朗茨·卡夫卡说：“每个人只能自己去理解上帝。每个人都有他的生活和他的上帝，都有他自己的辩护人和法官。神父和礼拜只是心灵的已经倦怠的体验所拄的拐杖。”

有一次，卡夫卡在我皮包里的书中看见一本侦探小说。他说：“您不必因为读这些东西而感到害羞。陀思妥耶夫斯基的《罪与罚》其实也是一部侦探小说。莎士比亚的《哈姆雷特》呢？那也是一出侦探戏。中心情节是：一个秘密逐渐被揭开。但是，还有比真理更大的秘密吗？文学创作向来都只是对真理的一次探索。”

“但什么是真理？”

卡夫卡沉默了片刻，然后淘气地笑起来。“看样子好像您抓住了我的一句空话。情况当然不是这样。真理是我们每个人生活所需要，而又不可能从某个人那里得到或买到的东西。每个人都必须从自己内心一次又一次地生产真理，否则他就会枯萎。没有真理的生活是不可想象的。真理也许就是生活本身。”

卡夫卡博士送给我一本一厘米厚的袖珍本书：美国人沃尔特·惠特曼的诗集《草叶集》[1]。

他对我说："诗译得并不特别好。有些地方甚至文句不通。不过读了这些诗至少可以对诗人有一个印象，他是最重要的现代诗歌形式倡导者之一。我们可以把他的无韵诗看作阿尔诺·霍尔茨[2]、埃米尔·维尔哈伦[3]、保罗·克洛代尔[4]以及捷克诗人斯坦尼斯拉夫·科斯特卡·诺伊曼[5]的自由格律诗的榜样。"

听到这里，我赶紧说，按照布拉格官方文学理论界的看法，为捷克文学打开世界之窗的雅罗斯拉夫·弗尔赫利基[6]多年以前就把惠特曼的《草叶集》当作奇特的语言实验译成了捷克文。

"这我知道，"卡夫卡博士说，"惠特曼诗歌的形式在世界上引起了很大的反响。其实，惠特曼的意义在别的地方。他把对自然和与之明显对立的文明的观察融合成唯一的、令人陶醉的生活感受，因为他经常看到眼前的一切现象都是短暂的。他说：'生活是死亡留下的一点点残羹剩饭。'因此他把他的整颗心献给每

1 沃尔特·惠特曼（Walt Whitman，1819—1892），美国诗人，1855 年出版《草叶集》，1871 年出版其散文集《民主远景》。——雅诺施

2 阿尔诺·霍尔茨（Arno Holz，1863—1929），德国作家、诗人，著有诗集《时代的书》《幻想者》和短篇小说集《哈姆莱特爸爸》等。

3 埃米尔·维尔哈伦（Émile Verhaeren，1855—1916），比利时法语诗人、评论家，著有诗集《生活的面貌》《愤激的力量》等。

4 保罗·克洛代尔（Paul Claudel，1868—1955），法国诗人、剧作家、外交家。诗歌代表作有《五大颂歌》和《三重唱歌词》等。

5 斯坦尼斯拉夫·科斯特卡·诺伊曼（Stanislav Kostka Neumann，1875—1947），捷克诗人，捷共党员。他办的《六月》等刊物在捷克当时的文化政治生活中产生过很大影响。

6 雅罗斯拉夫·弗尔赫利基（Jaroslav Vrchlický，1853—1912），捷克抒情诗人。

一片草叶。所以他很早就令我神往。我钦佩他在艺术和生活两者之间取得的和谐一致。在美国爆发南北战争，我们今天的机器世界的巨大力量因而被真正调动起来时，沃尔特·惠特曼当了病人的护理员。他做的事，我们今天实际上每个人都应该做。他帮助弱者、病人、失败者。他确实是个基督徒，因而是——尤其是与我们犹太人非常亲近的——人性的重要标准和尺度。”

“您非常了解他的作品？”

“我对他的作品的了解比不上对他的生活的了解。因为生活就是他的主要作品。他写的东西，他的诗和文章，只是一个坚定地生活和劳作的信仰的火把留下的闪着火星的灰灶。”

我给弗朗茨·卡夫卡看莱奥·雷德勒送给我的奥斯卡·王尔德[1]的论文集《意图》的德译本。他翻了翻书，说：“这些文章闪光诱人，就像毒品闪光诱人一样。”

“您不喜欢这本书？”

“我没有这样说。相反，它很容易让人喜欢。这也是这本书的一大危险。它拿真理做游戏，所以是危险的。因为拿真理做游戏就是拿生活做游戏。”

“您是说，没有真理就没有真正的生活？”

弗朗茨·卡夫卡默不作声地点点头。稍停片刻后，他说：

---

1 王尔德（Oscar Wilde，1854—1900），英国作家、诗人。《意图》包括《作为艺术家的批评家》《说谎的堕落》《羽毛笔、画笔和毒汁》《假面具的真理》等文，由韦特海默翻译，载柏林环球出版社1918年版《王尔德十二卷集》第六卷。——雅诺施

“说谎常常只是害怕的表现，害怕被真理压死。这是自身卑微的投影，是人们害怕的罪孽的投影。”

有一次我到卡夫卡博士的办公室里，看见他皱着眉头站在办公桌旁。他向我诉说：“我是个完全无能的职员。我连一份公文都不能干净利落地处理好。一切都在我这里耽搁住了。”

“我一点也没有看到嘛，”我说，“您的办公桌清理得干干净净的。”

“桌子倒是干净的，”卡夫卡博士回答，在桌旁坐下，“每份公文我都尽快处理，尽快往下传。然而对我来说，事情并没有了结。我在思想上继续跟着公文，从一个部门到另一个部门，从一张办公桌到另一张办公桌，沿着一条手的链条，直至收件人。我的幻想一次又一次地冲破我办公室的四堵白墙。然而我的视野不是更宽广，反而缩小了。我也跟着缩小了。”他露出一丝苦笑，“我是一块破烂，甚至连破烂都不是。我不是滚到轮下，而是滚到一只小小的齿轮下。在这劳工工伤保险公司的黏黏糊糊的职员蜂房里，我是个微不足道的人。”

我打断他的话：“就像我父亲所说的，一句话，职员生活是狗过的生活。”

“不错，”卡夫卡博士点点头，“可是我不向人乱吠乱叫，我也不咬人。您知道，我是个素食者。素食者靠自己的肉为生。”

我们两人都大笑起来，几乎没有听见外面的敲门声。一个职员走了进来。

我向卡夫卡讲述了我和父亲去瓦茨拉夫广场附近的方济各修道院的情况。

弗朗茨·卡夫卡说："这其实就是自选家庭联合体。为了得到解救，人自愿限制自我，抛弃最高最现实的财富——他自己。他想通过外部的约束得到内心的自由。这就是服从法律的意义。"

"可是，假如有人对法律没有认识，他怎样达到自由？"我问。

"人们会用殴打向他宣布法律。人们折磨他，鞭打他，直至他有所认识。"

"您是说，或迟或早，每个人都必定获得正确的认识？"

"我没有这样说。我刚才说的不是认识，而是作为目的的自由。认识只是道路……"

"达到目的的道路？那么说，生活只不过是一件任务，一项使命？"

卡夫卡做了个无可奈何的手势。"事情就是这样。人无法通观自己。他处在黑暗中。"

有一次我到卡夫卡博士那里时，他和我父亲站在窗边。他们转过身，略微点了点头，算是对我的问候的回答。

卡夫卡博士接着马上问我的父亲："您在当兵的那段短短的时间里得到了这样的经验，士兵比平民百姓过得还好，是不是？"

"是的，"我父亲点点头，"部队的食品供应不像老百姓那样紧张。比起老百姓，人们更关心士兵。"

"这很清楚，"卡夫卡博士一边说，一边沉思地揉搓着刮得光光的下巴，“士兵身上有钱。他们是国家投资的载体，必须得到很好的照顾。他们是专家。而老百姓只是人，国家在他们身上要尽量少花钱。”

“是这样，”我父亲叹了口气，“这一点在伤寒病隔离房看得非常清楚。谢天谢地，这种可怕的事已经过去了。”

“还没有过去，”卡夫卡博士一边轻轻地说，一边走向办公桌，在那里站住，低下头，“恐怖在积聚力量，以便东山再起。”

“您估计还会有新的战争？”我父亲瞪大了眼睛问。

卡夫卡博士不语。

“这不可能！”我父亲激动地举起手，大声喊道，“不可能再发生世界大战了。”

“为什么不可能？”卡夫卡博士轻声说道，两眼直视我父亲的眼睛，“您表达的只是一种愿望。难道您能坚定地说，这场战争是最后一场战争？”

我父亲不说话。我看见他的眼睑在颤动。

卡夫卡博士坐下，在桌面上交叉起瘦骨嶙峋的手指，深深地吸了一口气。

“不，我不能这样说。”我父亲终于说，“您说得对，这只是愿望。”

“当人们陷在没到脖子的烂泥坑里时，有这种愿望是自然而然的事。”卡夫卡博士说，并没有看着我的父亲，“我们生活在人口膨胀的时代。人们通过消灭比士兵和大炮便宜的平民百姓来赚钱。”

我父亲说：“尽管如此，我还是不相信会爆发一场新的战争。大多数人都反对。”

“这不起作用，”卡夫卡博士沮丧地说，“多数人不做决定。他们总是做人家命令他们做的事情。起决定作用的是逆流而上的某个个人。不过，现在这样的个人也没有了。他由于追求舒适而消灭了自己。衬衣比上衣离一个人更近。这样，我们将在自己的污垢中毁灭。如果我们不马上扔掉道德的脏衣，我们每个人都将可怜地死去。”

弗朗茨·卡夫卡是第一个严肃对待我的精神生活、像对成年人那样跟我说话，因而增强了我的自我意识的人。他对我的兴趣是给我的一件厚礼。这一点我始终很清楚。有一次，我向他表示了这样一层意思。

“我是不是抢占了您的时间？我太蠢了。您给我的是这么多，而我却一点没有给您。”

听了这几句话，卡夫卡却很不好意思。“哪里，哪里！”他宽慰我，“您是个孩子。您不是强盗。我赠送给您我的时间，这些时间其实不属于我，而是属于劳工工伤保险公司。我们共同从保险公司偷窃我的时间。这可妙极了！其次，您也不蠢。您别说这种话了，这种话只能迫使我表白，献身于您的青春，了解您的青春，这使我非常高兴。”

我和卡夫卡在码头边散步。我告诉他，我病了一场，感冒发烧，躺在床上写剧本《索尔》。

卡夫卡对我的文学习作很感兴趣。我想采用三段式的梯级舞台上演这部剧。这三个不同层次的台面表现三个精神世界：下面是老百姓的街道或开阔的空场，在它上面是王宫或某个人的宅邸，最上面是宗教世俗权力的庙宇，隐身者的声音威严地说话。

“这是一座金字塔，塔尖消失在云层里。”弗朗茨·卡夫卡说，“重心呢？这个剧本的世界的重心在什么地方？”

“在下面的人民群众中。”我答道，“尽管有这些个体形象，这依然是一部无名群体的戏。”

弗朗茨·卡夫卡扬起浓眉，稍稍向前突出下唇，用舌尖润了润嘴唇。他不看我。他说：“您的出发点的前提是错误的。无名就是没有名字。但是，犹太民族从来不是没有名字的。相反，它是上帝选中的民族，如果这个民族坚持实现律法[1]的话，它就不会沉沦到无名的因而愚蠢平庸的乌合之众的低级阶段。只有背离了赋形的律法，人类才变成灰色的、无形的因而无名的乌合之众。而那时也就没有上下之分，生活就趋于平庸，无非就是生存；没有剧本，没有斗争，而只有材料的损耗，只有衰落。但是，这不是《圣经》和犹太教义中的世界。”

我为自己辩护：“我的问题不是犹太教和《圣经》。对我来说，《圣经》材料只是表现今天的群众的手段。”

卡夫卡摇摇头，说：“问题就在这里！您要做的是不对的。

1 按犹太教传说，《圣经·旧约》的前五卷是上帝通过摩西所宣布的“律法”，故称此五卷为《律法书》。五卷书中有些部分详细记载各项律法条文。

您不能把生活搞成死亡的比喻。那样做是罪孽。”

“您把什么叫作罪孽？”

“逃避自己的使命是罪孽。误解、不耐烦、懒散是罪孽。作家的任务是把孤立的非永生的东西导入无限的生活，把偶然导入规律。他要完成的是预言性任务。”

“写作就是引导。”我说。

“正确的话引导，错误的话诱骗，”卡夫卡说，“《圣经》被叫作圣书不是偶然的。它是犹太人民的声音。这声音不是昨天的东西，而完全是今天的东西。而在您的剧本里，这声音被处理成历史上用木乃伊保存下来的事实，这是错误的。如果我没有理解错的话，您想把今天的群众搬上舞台。他们和《圣经》毫无共同之处。这是您的剧本的核心。《圣经》的人民是个人通过一部律法联合在一起。今天的群众则抵制任何联合。他们因为内心没有律法而各奔东西。这是他们无休止的运动的推动力。群众迈着快步，穿过时间奔跑急走。奔向何方？他们从什么地方来？谁也不知道。他们越向前迈进，就越达不到目的。他们无益地消耗了自己的精力。他们想，他们在走。其实，他们在原地踏步，跌进了虚空之中。如此而已。人在这里失去了故乡。”

“您怎么解释民族主义的增长？”我问。

“这正好证明了我的观点正确，”弗朗茨·卡夫卡回答，“人总是追求他没有的东西。各国人民共同的技术进步越来越使他们失去民族特性。因此他们追求民族特性。现代民族主义是抵御文明进攻的运动。这一点在犹太人身上看得最清楚。如果他们在周围世界中感到舒适，感到如鱼得水，也就不会有犹太复国主义。所以说，是周围世界的压力使我们找到了自己的面貌。我们回家，我们寻根。”

“您坚信，犹太复国主义是唯一的正确道路？”

卡夫卡尴尬地微笑起来。“道路是否正确，总是只有到目的地才能看清。不管怎样，我们现在在走。我们在运动，就是说，我们活着。我们周围反犹主义在增长，但这不是坏事。犹太教法典说，我们犹太人像橄榄那样被砸碎，就是做出了我们最大的贡献。”

我说：“我想，世界进步工人运动将不允许反犹主义的进一步扩张。”

弗朗茨·卡夫卡却忧伤地垂下头。他说：“您错了。我想，反犹主义也将波及工人运动。这一点在劳工工伤保险公司可以看到。它是工人运动的一个结果。它本应充满进步的光明精神。可现在情况如何？保险公司现在是文牍主义者的黑窝，我是里头唯一用来摆样子的犹太人。”

“这可太可怜了。”

“是的，人太可怜了。因为在不断增加的人群中，他每一分钟都越来越孤独。”

我们谈论抽烟。

我说：“我认识的大多数小伙子为了造成自己已经成人的错觉而抽烟。这种荒唐事，我从来没有跟着干过。”

“这一点您得感谢您父亲。”卡夫卡博士说。

“是的，”我赞同他的看法，“就像我父亲那样，人们无须模仿成年人的愚蠢习惯，就能成为成年人。”

卡夫卡举起手，在空中晃了晃说：“而反过来，谁要是让周围的坏思想坏习惯牵着鼻子走，谁就是没有自尊。没有自尊就没有道德，没有秩序，没有坚贞，没有促进生活的温暖。这样，一个人就会像一堆牛粪那样分崩离析。他只能对那些蛆虫和昆虫有点用处。”

我到弗朗茨·卡夫卡的办公室。他倦怠地坐在办公桌后面，垂着手，紧闭着嘴。

他笑眯眯地向我伸出手。“我昨天晚上过得坏透了。”

“您去看过医生？”

他撮尖嘴巴。“医生……”他手心朝上抬起手，然后又垂下，“人们无法逃脱自己。这是命运。我们唯一可能做的是，在冷眼旁观中忘却命运在拿我们戏耍。”

住在齐斯科夫区耶塞尼乌斯街的斯瓦特克太太上午在我父亲家帮佣，下午在劳工工伤保险公司当清洁工。她几次看见我和她认得的弗朗茨·卡夫卡在一起，所以有一天她向我讲起卡夫卡。

“卡夫卡博士是个很正派的先生。他跟别的人完全不一样。这从他怎样给别人东西上就能看出来。别的人把东西塞到你手里，那东西仿佛刺你一样。他们不是给你东西，而是贬低你，侮辱你。有时，我真想把小费扔掉。而卡夫卡给人东西时总让人高兴。比如说他上午没有吃完的葡萄。别的人吃剩的东西是什么样子，我们都知道。卡夫卡则不同，他总是把葡萄或其他水果整理得好好的，放在一个盘子里。我走进办公室时，他只是那么随便说一句，说我也许用得着这些水果。可不是，卡夫卡待我不像待老清洁工。他是个很正派的先生。”斯瓦特克太太说得不错，卡夫卡掌握馈赠的艺术。他从来不说：“您把这东西拿去吧，我送给您。”他给我一本书或一本杂志时，总是只说这么一句：“您不用再还我了。”

我们谈论起 N.。我说 N. 笨。卡夫卡说：“笨是人之常情。许多聪明人并不聪慧，归根结底并不是聪明人。他们因为害怕自己碌碌无为而变得不合情理。”

有一次一个职员来找卡夫卡，他说话有些粗鲁。

办公室里只剩我们两人时，我问：“这是什么人？”

“这是 N. 博士。”卡夫卡说。

“真是个粗人。”我说。

“哪里！他只不过习惯不同。也许他听说过，流氓无赖用文雅的举止跻身社交场合，广交朋友，所以他不穿燕尾服，反而套上粗麻袋。如此而已。”

卡夫卡博士的办公桌上放着许多信函、照片和旅游广告。

看见我询问的目光，他解释说，他想到一个小小的山区疗养院住些日子。“我不想进大的康复工厂，”他说，“只想到有医生照料的家庭膳宿公寓。我不要豪华舒适。”

“对您来说最重要的是位置和山区清新的空气。”我说。

“这也重要。”卡夫卡博士点点头，“不过最宝贵的恐怕还是我不得不至少暂时地抛却旧习惯的锁链，被迫面对因回忆而大放异彩的世界橱窗，盘点我那大大减轻了的生活钱袋。不管前往何处，人们总是追随着自己被误解的本性。”

秋天很潮湿，严寒的冬天又早早来临，这加重了卡夫卡的病。

我到他办公室时，他的桌子空着。“他发烧了，”坐在第二张桌子旁的特雷默尔博士对我说，“也许我们见不着他了。”

我很忧伤地回家去。他的桌子空了好几个星期。

然而有一天，弗朗茨·卡夫卡又来到了办公室。他脸色苍白，腰背微弯，脸上堆着笑意。他疲惫地轻声对我说，他只是来交接几份案卷，从办公桌里取几件私人材料的。他的身体情况很不好。过几天他就要去高塔特拉山[1]一家疗养院。

“这好极了，”我说，“如果您有这种机会，就尽快去吧。”

弗朗茨·卡夫卡忧伤地笑笑。

“这正是最耗人心力、最棘手的事情。生活中有种种可能性，而在一切可能性中反映出来的只是自身存在的一种无法逃脱的不

1 塔特拉山是喀尔巴阡山脉的最高部分，分高塔特拉山和低塔特拉山。高塔特拉山在波捷边境，低塔特拉山在捷境。山区有多处疗养地。

可能性。”说着，他发出一阵痉挛的干咳，但很快就压下去了。

我们相视而笑。“您看，”我说，“一切都会好的。”

“会好的，”弗朗茨·卡夫卡慢慢地说，“我对什么事情都说同意。这样，痛苦就变成了魔术，还有死亡，它只是甜蜜生活的组成部分。”

在他动身去塔特拉山的疗养院前，我向他告别。我说：“您一定会休养好，健康地回来。未来会弥补一切。一切都会改变的。”

卡夫卡笑笑，把右手食指放到胸前。“未来已经在我身上。改变只是隐蔽的伤口的外露而已。”

我不耐烦了。“如果您不相信会康复，为什么还要去疗养院？”

卡夫卡在桌子上俯下身来。“每个被告都想方设法推迟判决。”

我和女友海伦妮·斯拉维切克从赫鲁梅茨来到布拉格。我们去我父亲的办公室，向他报告我们已经到达。我们在楼梯上碰见弗朗茨·卡夫卡。我向他介绍海伦妮。

两天以后他对我说：“女人是陷阱，从各方面窥视着人们，想拉其就范。如果人们自愿跳进陷阱，她们就不会有任何危险。但是，如果人们慢慢习惯，因而克服了这个陷阱，那么，所有女性的捕兽铁爪又会重新张开。”

第二天，当我一个人来到劳工工伤保险公司时，我问卡夫卡博士：“博士先生，您觉得海伦妮怎么样？”

他把脑袋往左一歪，说道："这是完全次要的。她是您的女友。您肯定被迷住了。爱情嘛，就像任何一种魔术，一切都只取决于一个词。'一个女人'这个范围广泛的不确定的名称必定让位于界定精确的'这个女人'的名称。类别概念必定成为命运之力。然后，一切就都妥帖了。"

在谈论布拉格团体"工人复国协会"的领导人时，我们谈起了该团体无可争辩的首屈一指的演说家，从前的演员鲁道夫·K.。当我提到美男子鲁迪[1]在女人中获得的成功时，卡夫卡博士说："对女人来说，这种男人的幸福是摧毁她们生活的不幸。如同每一个单方面的、建立在他人弱点和痛苦之上的幸福，这种幸福是深重的罪孽。沐浴在虚假幸福的光照之中的人最终必定会在某个荒凉的角落因自己的恐惧和利己欲窒息而死。"

年轻的 F. W. 因爱情挫折而自杀。我们谈论此事。卡夫卡说："什么是爱？这其实很简单。凡是提高、充实、丰富我们的生活的东西就是爱。通向一切高度和深度的东西就是爱。爱就像运输工具那样毫无问题。成问题的只是驾驭者、乘客和公路。"

我向他讲起我的中学同学 W.。他十四岁时被他的法语女教师诱奸，从此，他害怕所有年轻姑娘，甚至害怕自己的姐姐，于

1 鲁迪，鲁道夫的爱称。

是不得不请心理分析专家波策尔博士给他治疗。

“爱情总要带来无法真正治愈的创伤，因为爱情总是在污秽的伴随中出现，”卡夫卡说，“只有情人的意志才能让爱情和污秽分离。而像您的年轻朋友这样尚未自理的人在爱情中还没有自己的意志，所以，他就被污秽的东西所污染。他是未成熟时的迷惘的牺牲品。这样就会产生严重的损害。男人的痛苦表情常常只是凝固了的童年迷惘。”

有一次散步时，我谈起了我的女友海伦妮。这时弗朗茨·卡夫卡说：“在相爱的时刻，人不仅对自己负有责任，而且对他人也负有责任。这时，他处于某种陶醉状态，这一状态减弱了他的判断力。人的自我的内容比此刻的意识的有限视野要广博。意识只是自我的一部分。而每做一次决定，人就给他的整个自我规定了方向。这就导致误解中最常见、最严重的冲突。”

在议论C.时，卡夫卡说：“感官性这个词的词干是感觉、感官。这有非常确定的意义。人只有通过他的感官才能感受认识。自然，这条路也连着危险。人们会把手段置于目的之上。这时，人们得到的只能是使我们的注意力离开认识的感官享受。”

我记得，我曾注意到弗朗茨·卡夫卡非常喜爱讽刺性文字游戏，对语言有独具特色的想象。可是在我的笔记里只有一条这种记载。

有一次我告诉他，中学四年级时，我曾为借奥托·尤利乌斯·比尔鲍姆的长篇小说《杜鹃王子》[1]一事争吵得不可开交。

“那些放荡不羁行为的描写对我们很有诱惑力。”我说。

“放荡鬼，”卡夫卡说，“这个词总让我想起荒漠、堕落。放荡鬼在荒漠浪荡。”

“女人是荒漠。”我说。

卡夫卡耸耸肩。“也许是。欲念之泉是他的寂寞之泉。他喝得越多就越清醒。最后他再也解不了渴了，于是他喝酒，而不能从干渴中得到解脱。这就是放荡鬼。”

在波日茨街上的劳工工伤保险公司旧大楼对面是刷成棕黄色的老旅店“金鸡旅店”。住在这幢单层房子里的主要是那种在旅馆前来回走动等客的女人。

一次，我在保险公司前等卡夫卡博士，他来到我面前说：“我在上面看见您在很专注地观看那些走来走去的姑娘。”

我觉得脸红了，就说：“让我感兴趣的不是这些女人。我只是对她们的顾客感到好奇。”

卡夫卡从侧面看着我，然后正视前方，过了一会儿对我说：“捷克语很深沉坦诚。把这类女人叫作鬼火简直太贴切了。那些想就着这点闪烁不定的沼气火星取暖的人该有多可怜、多孤独，冻得多厉害啊。他们肯定非常贫穷无望，人们只要看他们一眼就

1 该书全名为《杜鹃王子——一个放荡鬼的生平、事迹、观点和地狱之行》（三卷），1906—1907年由慕尼黑格奥尔格·米勒出版社出版。——雅诺施

会伤了他们。所以最好不要看他们。可是扭转脑袋又会被当作看不起他们。难啊……通向爱的路总是穿越泥污和贫穷。而蔑视道路又会很容易导致目的的丧失。因此，人们只能顺从地接受各种各样的路。也许只有这样，人们才会到达目的地。”

有一次我到办公室找卡夫卡博士时，他正在研读各种捷克法律。他用厌烦的手势把那些材料一把扔进办公桌拉开的抽屉里，叹了口气。

我说：“读这些东西很无聊，是吧？”

“不仅无聊，而且令人讨厌！”卡夫卡博士说，“对于立法者来说，人不外是罪犯和胆小鬼，他们的行为只取决于暴力威胁和惧怕。然而，这不仅是错误的，而且也是短视的，因而也是危险的——首先对立法者自己。”

“为什么首先对立法者？”

“因为人们在内心脱离了他们。由于蔑视人，立法者创立的不是秩序，而只是或多或少明显可见的混乱状态。”

“这一点我不是很懂。”

“这道理很简单，”卡夫卡博士说，把身子舒适地靠到椅背上，“由于全球技术进步，越来越多的个体集成了一个巨大的人群。然而，每个群体的性质都取决于其最小的组成部分的结构和内部运动。这也适用于作为群体的人。因此，我们要给予每个人以信任，以此调动他们的积极性。我们必须给他们自信心和希望，从而真正给他们自由。只有这样，我们才能工作、生活，才不会感到包围我们的法律机器是侮辱人格的畜圈。”

我到波日茨街弗朗茨·卡夫卡的办公室拜望他的时候，我父母的婚姻正处于严重的危机中。家里经常争吵，使我不得安宁。我向他诉说此事，并坦率地告诉他，这种吵闹不休的环境是我从事文学尝试的根本原因。

“假如家里情况不是这样，我也许不会写作。”我说，“我想摆脱他们的吵闹，不想听见我周围和我内心的声音，于是我就写作。就像有人用钢丝锯做各种小玩意儿，以消磨晚上无聊的时光那样，我拼凑句子，拼凑文章，这样我就有理由一个人躲在一边，与困扰我的环境隔绝。”

“这很对，”卡夫卡说，“许多人都是这样做的。福楼拜在一封信里写道，他的小说是一块岩石，他紧紧抓住它，免得掉进周围世界的旋涡之中。”

“我虽然也叫古斯塔夫，但不是福楼拜。”[1]我笑着说。

“灵魂保健的技术不是某几个人的专利。倘若福楼拜的名字您听着不合适，我可以告诉您我自己的情况。我有一段时间也曾像您这样做过。只是我的情况还要复杂一些。我胡写乱涂，以此逃避我自己，而最后又抓住了我自己。我无法逃脱自己。”

我父母之间的紧张关系也成了我和弗朗茨·卡夫卡谈话时的话题。

1 福楼拜全名为古斯塔夫·福楼拜。

我说：“我忍受不了所谓的家庭生活。”

“这可不好。”卡夫卡关切地说，“如果您只是观察家庭生活，会怎么样？这样，家里人会以为您和他们一起生活，而您也会得到安宁。再说这情况也有一部分是真的。您会从另一个角度出发和他们一起生活。事情就是这样。您在家庭圈子之外，脸朝家庭，这就够了。也许您还会不时地在他们的眼里发现您自己的图像——就像园子里的玻璃球上的小画那样。”

“您建议我做的纯粹是精神杂技。”我说。

“是的，”卡夫卡点点头，“这是日常生活中的杂技。这种杂技很危险，因为人们通常根本看不见它。不过，玩这种杂技不会折断脖颈，而只会折断灵魂。人不会因此而死，他会成为功绩卓著的生活残疾人而继续活下去。”

“您能不能举什么人做例子？”

“我举不出谁做例子。只有在例外情况下才能举例子。而那些所谓聪明人通常都只是些生活受创伤的人。他们是多数，他们容不得对自己不利的例子。”

有一次，我又抱怨家里争吵不和时，卡夫卡说：“您别生气激动。请您保持冷静。冷静是有力量的表现。但人们也可以通过冷静得到力量。这就是两极法则。所以请您保持冷静。静心忍耐使人自由，甚至让人视死如归。”

家里吵得不可开交。母亲越来越妒忌吃醋，对父亲纠缠不休。她与比她年轻十四岁的丈夫一比，觉得自己老了，不中用了。这样，她就产生了一种自卑感，这种自卑感因丈夫的贬损而变得更加强烈。她怀疑他对她不忠，可是又找不到确凿证据，于是她就怀疑他虚伪无比，诡计多端。她这种感情每每表现为敌视的目光、冷酷无情的话语以及越来越多的贬人损人的小动作。

饭没有做好，父亲爱吃的饭菜从食谱上消失了；父亲从办公室回来时，房子里乱七八糟的，开着的窗户里窗帘乱飘；厨房的桌子上放着一桶脏水；房间里，被子褥子乱堆一气；主妇不在；女佣得到额外假期休假去了。父亲在这样一个他觉得生疏不快的环境里不知所措。开始时，他只是轻声抱怨两句，后来两人就你一句我一句地吵起来，越吵越厉害。

有一次，他们从头天下午一直吵到第二天上午，夜里只休息了一小会儿。他们吵架后，我又羞又恼，心里乱糟糟地去找卡夫卡博士。他静静地听我因激动而结巴的讲述。然后他锁好办公桌，把钥匙放到裤兜里，站起来说："您知道吗？我对办公室不感兴趣，您对一切使您感到压抑的事情不感兴趣。我们组成二重唱，散步去吧。我们得透透空气。"

到了楼前，他用手挽住我的胳膊，笑了笑对我说："我们到以前的王城散散步。正派的浪荡子通常都先喝一杯葡萄酒或香槟酒再去闲逛。可惜我们两人都不是容易满足的麻醉品消费者。我们需要更为复杂的麻醉剂。好，我们到安德烈书店去。"

"我可只有几个克朗。"我轻声说。

"我也是，"卡夫卡博士随便挥了一下手说，"不过我在那里认识一位叫戴米的先生，他会关照我们的。"

卡夫卡博士果然没有说错。出生于罗斯托克[1]的戴米先生爱上了布拉格城，在火药塔旁开了一爿小书店。他是书业的行家里手，很快就赢得了很好的声誉。他在黑色柜台上给我们放了一大摞新旧书籍。

我现在已经记不得戴米先生给我们看了哪些书。我只记得卡夫卡博士给他自己和给我买了什么书，怎样概括这些书的特点。

卡夫卡博士给我买了查尔斯·狄更斯的《大卫·科波菲尔》、保罗·高更[2]的《从前和后来》和阿蒂尔·兰波[3]的《生活与诗》。

狄更斯的书是我自己选的，这本书是我藏书中缺少的这位作家的少数几本书之一。卡夫卡博士同意我的选择。

他说："狄更斯是我最喜欢的作家之一。可以说，有一段时间他甚至是我企图效法的榜样。您喜爱的卡尔·罗斯曼是大卫·科波菲尔和奥利弗·退斯特[4]的远房亲戚。"

"博士先生，狄更斯让您入迷的是什么东西？"

卡夫卡不假思索就回答："他对事物的掌握，他在外界和内心之间保持的平衡，他对世界和自我之间的相互关系的出色而又简单的描写，他的非常自然的匀称。当今大部分画家和作家都缺少这些东西。比如说，您在这两位法国人身上就已经可以看到这

---

1 德国城市，濒临波罗的海。

2 保罗·高更（Paul Gauguin，1848—1903），法国著名画家，代表作为《雅各及天使》《塔希提妇女》等。《从前和后来》是其回忆录。

3 阿蒂尔·兰波（Arthur Rimbaud，1854—1891），法国诗人，代表作有《地狱一季》《灵光集》等。

4 大卫·科波菲尔和奥利弗·退斯特分别是狄更斯小说《大卫·科波菲尔》和《雾都孤儿》中的人物。

一点。”

他说着就把上面提到的高更和兰波的那两本书塞给我。他自己买了古斯塔夫·福楼拜的三本《日记》。他说：“福楼拜的日记非常重要，非常有趣。我早已有这几本日记了。我现在再买一套给奥斯卡·鲍姆。”

我想把两个装书的包都拎上，可是卡夫卡博士不让我这样做。“不，不，不行。您不能提我的陶醉材料。在陶醉和死亡这两件事上，我们不能让别人代替自己。”

我反驳他：“如果您是为鲍姆买的，那么这几本书就不是您的陶醉材料。因此我可以拿。”

可是卡夫卡却使劲摇头。“不，不！这不行！使我陶醉的正是馈赠。这是最最精心安排的陶醉。我不让别人为我服务，从而失去这种陶醉。”

我们每人夹着一包书，一起越过护城河，走上瓦茨拉夫广场，经过圣瓦茨拉夫骑马雕像（左手边）和新德意志剧院（右手边），来到市立公园，然后，我们在布莱道尔街边的小摊上喝了一杯牛奶，在建有人造瀑布的小鸭池边逗留了片刻，然后过了鸭池，沿着一条上坡路走向电车站，乘车前往城堡。

路上，卡夫卡博士谈了他对给我买的那几本书（除了《大卫·科波菲尔》）的作者的看法。

他说：“主观的自我世界和客观的外部世界之间的紧张关系，人和时代之间的紧张关系，是一切艺术的首要问题。每一个画家、作家、剧作家和诗人都必定要探讨这个问题。其结果自然是现存各因素的不同混合。对于画家保罗·高更来说，现实只是运用形式与颜色创作独特艺术品的马戏团高架。而兰波则用语言做同样的事，而且超出了言辞本身。他把元音变成颜色。通过这种声音与颜色的变换魔术，他接近了原始部族的神秘的宗教实践活动。他们怀着恐惧与不安，跪拜在各种各样木制或石制偶像前。然而由于进步，材料减价了。我们使自己成了偶像。为此付出的代价是，恐惧的阴影更强烈地钳制我们，折磨我们。”

卡夫卡博士沉思地看着窗外。

后来我曾试图重新挑起他已经论及的关于现代偶像崇拜的话题，不过没有成功。对于我在这方面向他提出的暗示和问题，卡夫卡博士没有做出反应。

我们离开城堡区北侧的电车站，走了一小段路，跨过玛利亚壕堑和斯陶普桥，穿过城堡的两个院子，经过瑞典宫和眺望台，穿过旧市政厅胡同，来到罗勒托街和罗勒托广场。到了这里，卡夫卡博士觉得很乏，我们就又登上了电车。

来到老城广场，离他家不远时，他说："您家里的争吵不仅折磨您，您的父母更深受其害。异化使您的父母互相疏远，分道扬镳，他们由此而失去了许多我们人类所拥有的宝贵东西，失去了很多生活的内容和生活的意义。这样，就像我们时代的大多数人一样，您的父母在心灵上是残疾的。今天，大多数人在感觉和想象这两方面是残疾者。因此，您不能把您的父母推回去。您必须像对盲人和瘸子那样引领他们，搀扶他们。”

“我怎样才能做到这一点？”我绝望地问道。

"用您的爱。"

"倘若他们两个人都攻击我呢？"

"是的，正是这时您要表现出爱。您要用您的平静、您的宽容和耐心，一句话，用您的爱唤醒您父母身上已经处于消亡中的东西。不管他们怎么攻击，怎么不公，您都要爱他们，重新引领他们恢复公正，恢复自尊。因为什么叫不公？不公就是健康状况不佳，迷路，摔倒，在尘土中爬行，不符合人的尊严的姿势。您必须像对待两个迷路的人那样，用您的爱把您的父母扶起扶正。您一定要这样做。就像我们大家一样。否则我们就不是人。您不能因为痛苦而谴责他们。"

他用手轻轻抚摩了一下我的左脸颊。"再见，古斯蒂[1]！"说完，他转过身，走进房子黑暗的玻璃门。

我呆呆地站在那里。他像我父母一样叫我古斯蒂，而且用手……我还感觉到他手指尖的温柔的触摸。但是我后背一阵战栗，突然打起喷嚏来，仿佛我感冒了一样。我慢慢举步，跨过老城广场，走向黑暗的艾森胡同，我的下巴一直在微微颤抖。

我告诉卡夫卡，我父亲不同意我学音乐。

"您会乖乖地服从吗？"他问。

"哪里！"我答道，"我有自己的头脑。"

卡夫卡很严肃地看着我。"使用自己的头脑恰恰最容易失去

1 古斯塔夫的昵称。

自己的头脑。”他说，“我这样说，并不是反对您学音乐。正好相反！只有经受住理智考验的热情才有力度和深度。”

“音乐可不是热情，而是艺术。”我说。

卡夫卡却笑笑。“每一种艺术后面都有热情。于是您为您的音乐而受苦，而斗争。于是您不屈从于父命，因为您爱音乐及与之相关联的东西甚于爱自己的父母。而在艺术中，情况总是这样。人们为了获得生活，就得抛弃生活。”

我父母之间的关系越来越紧张，到了要离婚的地步时，我对卡夫卡说，我要离家出走了。

弗朗茨·卡夫卡慢慢地点点头。“这是痛苦的。但是在目前这种情况下，这是最好的办法。只有坚定地跨进事情的对立面，有些事情才能达到。人们不得不走向远方，去寻找已经离开的故乡。”

当我告诉他，我要当音乐家，夜里去演奏时，他说：“这样做非常有损健康。而且，您脱离了人的集体。夜晚变成您的白天，而人的白天变成梦幻。您会变成周围世界的对立体，而您自己没有觉察。您现在年轻，不会觉察什么，可是几年以后，您就会面对自己的空虚而闭上眼睛，您会失去直视的力量，周围世界会将您淹没。”

在法院第一次审理我父母的离婚案以后，我去看望弗朗茨·卡夫卡。我当时很激动，很痛苦，因此态度不公正。

我诉了一番苦以后，卡夫卡说："您要冷静耐心。您尽管让坏事发生好了。您不要逃避。相反，您要仔细观察。您要用主动地理解代替被动地接受刺激。这样您就会应对这些事情。人只有经过自己的微小才能到达高尚。"

当我们在一个清朗的秋日下午，慢慢走过落满秋叶的园子时，卡夫卡博士对我说："耐心是应对任何情况的万能钥匙。人们必须和一切事物一起共振，热衷于一切事物，同时又必须平静耐心。不能弯曲，不能折裂。只能克服，始于自我克服的克服。人们不能逃避这一点。逃离这条轨道就是崩溃。人们必须耐心地吸收一切，耐心地成长。胆怯的自我的界线只有用爱才能突破。人们必须在周围沙沙作响的枯萎死亡的树叶背后看见幼嫩鲜亮的春绿，耐心等待。耐心是实现一切梦想的唯一的、真正的基础。"

这是卡夫卡博士的生活准则，他坚持不懈而又耐心宽容地力图把他的生活准则灌输到我身上。他的每一句话、每一个手势、每一次微笑、每一次大眼睛的眨动，以及他在劳工工伤保险公司长年累月的全部工作，使我坚信这条准则是完全正确的。

正像我从父亲那里听说的那样，卡夫卡博士在波日茨街 7 号的烟雾工厂那光滑铮亮的办公桌后面坐了整整十四年，差不多一代人平均年龄的一半。他 1908 年 7 月 30 日进入保险公司当职员，1922 年 7 月 1 日以高级秘书的身份申请退休，离开保险公司。

为卡夫卡的办公室和我们家在卡林区的住宅打扫卫生的斯瓦

特克太太对我说：“卡夫卡博士像一只小耗子那样，神不知鬼不觉地悄悄消失了。他在保险公司悄悄地生活了许多年，又悄悄地走了。我不知道，是谁清理了他的桌子。在柜子里只挂着卡夫卡博士一件很薄的灰色备用大衣，突然下起雨来时，他就穿这件大衣。我从来没有看见他带过雨伞。一位仆人拿走了大衣。我不知道，他是把大衣送给了卡夫卡博士还是自己留下了。我用水和肥皂清洗了空空的柜子。办公桌上放着一个长条形的旧玻璃碟子，里面有两支铅笔和一支钢笔。旁边放着一个很漂亮的金蓝色茶杯，一个配套的小盘子。特雷默尔博士看见我收拾，就对我说：‘把这些玻璃碎片都弄走！玻璃碟子是卡夫卡博士的工作用具，那个杯子是他常用来喝牛奶的，有时也用它喝茶。’于是，我就把特雷默尔博士称为玻璃碎片的东西带回了家里。”

在斯瓦特克太太家的厨房里，我坐在她对面。她走向刷成白色的碗橱，拿出卡夫卡博士留下的“碎片”，用一块清洁巾仔仔细细地把它们擦干净，然后很谨慎地放到我面前。

“您把这些东西拿走吧，年轻的先生！我知道，您很喜欢卡夫卡博士。您用不着对我讲什么。在您真正需要的时候，他总是很帮忙，对您很好的。我想，这些他用过的东西您会很好保存的。”

情况自然如此。不管我处于什么境地，搬了多少次家，这个小小的瓷杯一直陪伴着我。但是我从来没有用过。我羞于用我的嘴唇去接触弗朗茨·卡夫卡用过的杯子。

每当我看见斯瓦特克太太送给我的金蓝色杯子时，我就不禁想起卡夫卡博士在一次夜色朦胧时穿越雨水汪汪的泰因霍夫的路上对我说的话："生活大不可测，深不可测，就像我们头顶的星空。人只能从他自己的生活这个小窥孔向里窥望。而他感觉到的要比看见的多。因此，他首先必须保持窥视孔的清洁纯净。"

我是不是始终这样做了？

我不知道……我想，只有像卡夫卡博士这样的醉心于真理的圣者才能做到这一点。

1924 年夏天，我在布吕克斯附近的上格奥根塔尔。6 月 20 日，星期五，没错，1924 年 6 月 20 日，星期五，我接到我的朋友、画家埃里希·希尔特从布拉格寄来的一封信。

他写道："我刚刚从《日报》编辑部得知，作家弗朗茨·卡夫卡于 6 月 3 日在维也纳附近基尔林的一家小小的私人疗养所去世。1924 年 6 月 11 日，星期三，他被安葬在布拉格斯特拉施尼茨犹太人公墓[1]。"

我仰望着挂在我床头上面墙上的我父亲的一幅小小的画像。1924 年 5 月 14 日，他自愿结束了生命。

二十一天以后，6 月 3 日，卡夫卡走了。

二十一天以后……

二十一天……

二十一……

我青年时代情感和精神的地平线崩溃时，我正是这个岁数。

---

1 弗朗茨·卡夫卡和他的父亲赫尔曼·卡夫卡（Hermann Kafka，1854—1931）、他的母亲尤丽叶·卡夫卡（Julie Kafka，1856—1934）一起安葬在该墓地的同一座墓里。——雅诺施

卡夫卡年表

对我来说不存在高空和远方。……我是灰色的，像灰烬。

一只渴望在石头之间藏身的寒鸦。

——卡夫卡

1883年

7月3日，出生于奥匈帝国治下的布拉格，是家中长子。父亲赫尔曼·卡夫卡（1854—1931）是一位成功的犹太商人，母亲是尤丽叶·卡夫卡（1856—1934）。

1885年

弟弟格奥尔格出生，后在十五个月大时因麻疹而夭折。

1887年

弟弟海因里希出生，后在六个月大时因脑脊膜炎而夭折。

1889年

9月，入布拉格德意志人民小学读书。妹妹加布丽埃勒出生（又称埃莉，1941年去世）。

1890年

妹妹瓦莱莉出生（又称瓦莉，1942年去世）。

1892 年

妹妹奥蒂莉出生（又称奥特拉，1943 年去世）。

1893 年

9 月，入布拉格旧城德语国立九年制高级中学。因入学成绩优异而跳级。

1896 年

6 月，在吉卜赛人犹太教会堂举行了成年礼。

1897 年

捷克民族主义者发起的反德意志活动很快波及犹太人的商业活动，不过卡夫卡家的男用饰品店幸免于难。

1901 年

7 月，顺利通过高中毕业考试后，首次出远门旅行，到达德国北海之上的诺德奈岛与赫尔果兰岛。

10 月，入查理德语大学读书。起初学习化学，两周后改学法律；就读期间，常去听哲学、心理学、德语文学、艺术史、拉丁语及希腊语的讲座和课程。

1902 年

10 月，在一次学生协会的活动上结识马克斯·布罗德（1884—1968）。布罗德是一位多产作家，后来成为卡夫卡亲密的朋友和其去世后出版作品的编者。

1906 年

获博士学位。按照当时规定，开始在布拉格法院进行为期一年的实习。

1907 年

10 月，进入意大利忠利保险公司布拉格分公司就职。

1908 年

因工作压力大、时间长而从忠利保险公司辞职，进入国家劳工工伤保险公司就职。在弗朗茨·布莱主编的《许培里昂》杂志上发表散文作品八篇。

1909 年

9 月，与马克斯·布罗德及布罗德的弟弟奥托到意大利北部加尔达湖畔的里瓦度假。回程中，在布雷西亚观看航空展，这次经历成为短篇作品《布雷西亚的飞机》的主题。

1910 年

10 月，与马克斯·布罗德和奥托·布罗德前往巴黎旅行，后来因为背上长有疖子而独自提前返回布拉格。

1911 年

8—9 月，与马克斯·布罗德前往瑞士、意大利北部和巴黎旅行。

10 月，在布拉格萨沃伊咖啡馆观看一个意第绪语剧团演出，与演员伊兹查克·勒维结为朋友，并从后者处了解到许多关于意第绪语戏剧、犹太礼节的知识。

1912 年

6—7 月，与马克斯·布罗德经莱比锡前往魏玛旅行。在莱比锡期间，拜访了布罗德的出版商库尔特·沃尔夫，双方就出版一部短篇小说集达成一致意见。旅行结束时，独自前往哈尔茨山的容博恩疗养院做了三周的自然疗法疗养。

8 月 13 日，在布罗德家遇见菲丽丝·鲍尔（1887—1960）。鲍尔在柏林工作，是布罗德的远亲。

9 月，寄出第一封给鲍尔的信。两天后，仅用一晚创作出被公认为其突破之作的短篇小说《判决》。开始着手创作首部长篇小说《美国》（亦称《失踪者》）。

11—12 月，创作《变形记》。

12 月，首部作品集《观察》由库尔特·沃尔夫在莱比锡出版，印数八百册。

1913 年

三次前往柏林见菲丽丝·鲍尔。

5 月，《美国》第一章以《司炉》为标题单独出版。

1914 年

6 月 1 日，在柏林与菲丽丝·鲍尔正式订婚。

7 月 12 日，鲍尔在与卡夫卡就他写给她的朋友格蕾特·布洛赫的密信当面对质后，解除了两人的婚约。

8 月，第一次世界大战爆发。卡夫卡开始创作第二部长篇小说《审判》（亦称《诉讼》）。

10 月，利用业余时间集中精力创作《审判》，最后却写出了《在流刑营》。

1915 年

1 月，放弃《审判》的写作；自分手后首次见到菲丽丝·鲍尔，为她朗读《审判》中守门人的故事。

12 月，《变形记》由库尔特·沃尔夫出版。剧作家卡尔·施特恩海姆获冯塔纳文学奖，但把奖金转赠给了卡夫卡。

1916 年

与菲丽丝·鲍尔和解。

7 月，与鲍尔在波希米亚度假胜地马里恩巴德共同度过十天。《判决》由沃尔夫出版。

11 月—次年 4 月，以妹妹奥蒂莉在城堡区租的一栋房子为写作基地，创作出多部短篇小说，后结集为《乡村医生》。

1917 年

7 月，与鲍尔前往布达佩斯拜访鲍尔的姐姐，两人再次订婚。

8 月，两次夜间咯血，当时被诊断为结核病。

9 月，搬去波希米亚村庄曲劳，与妹妹奥蒂莉一起生活。

12 月，鲍尔前来探视，卡夫卡因对健康悲观而提出解除婚约。

1918 年

5 月，返回布拉格，重新开始工作。

10 月，患上西班牙流感。

11 月，奥匈帝国覆亡，捷克共和国成立。回公司上班四天后再次获准休假，前往谢莱森疗养。

1919 年

1 月，在谢莱森结识同在那里疗养、家境贫寒的尤丽叶·沃里泽克（1891—1944）。

4 月，返回布拉格工作，得知菲丽丝·鲍尔已经结婚。

9月，与尤丽叶·沃里泽克订婚，遭到父母极力反对。

10月，《在流刑营》由沃尔夫出版。

1920年

年初，职务升迁，权限扩大。

2—3月，开始与已婚的记者、翻译米莱娜·耶森斯卡（1896—1944）密集通信。

5月，《乡村医生》由沃尔夫出版。

7月，解除与尤丽叶·沃里泽克的婚约。

12月，再次因病休假，在塔特拉山中的一座疗养院待至次年8月。

1921年

1月，结束与米莱娜·耶森斯卡的通信。

9月，返回公司工作，但10月起又请了三个月病假。

1922年

1月，病假延至4月。住在塔特拉山中的一家旅馆，撰写最后一部长篇小说《城堡》。

7月1日，公司因卡夫卡健康问题而批准其提前退休。

1923年

7月，在波罗的海海滨的米里茨度假，与多拉·迪亚曼特（1898—1952）相识。

9月，搬至柏林，与迪亚曼特一起生活；由于通货膨胀，两人的经济状况非常窘迫。

1924年

3月，由于健康状况持续恶化，返回布拉格；创作最后一篇短篇小说《约瑟芬，女歌手或者老鼠的民族》。

4月，经诊断，结核病已经蔓延至喉部。在迪亚曼特陪伴下，前往维也纳一家喉科诊所治疗，后来又至维也纳北部克洛斯特诺伊堡的一家小疗养院疗养。

6月3日，去世，身边有迪亚曼特陪伴。

8月，作品集《饥饿艺术家》由锻造出版社出版。

1925年

经马克斯·布罗德编辑的《审判》由锻造出版社出版。

1926年

经布罗德编辑的《城堡》由沃尔夫出版。

1927年

经布罗德编辑的《美国》由沃尔夫出版。

1939年

马克斯·布罗德在德国入侵前乘最后一班火车离开布拉格，前往巴勒斯坦，随身带着卡夫卡的手稿。